***„DIETER DER COOLE RENTNER“***

# Beim Einkaufen Taschengeld zur freien Verfügung gewinnen

AF672416

***„DIETER DER COOLE RENTNER“***

# Beim Einkaufen Taschengeld zur freien Verfügung gewinnen

# WELTNEUHEIT

## „Kunden helfen Kunden beim Punkte sammeln“

Für eine bessere Zukunft, die **„Spreu vom Weizen“** trennen.

**Ratgeber/Projekt-Vorschlag / Wirtschaft-Sozial**

**Impressum**


Veröffentlichung Jahr: 2023

# ISBN: 9789403711539

## Autor *„Dieter der coole Rentner“*

**Beim Einkaufen Taschengeld zur freien Verfügung gewinnen.**

„**KUNDEN helfen KUNDEN beim PUNKTE sammeln**“


**Selfpublishing-Portal: Bookmundo**

Gedruckt in Deutschland

Die Deutsche Nationalbibliothek verzeichnet diese Publikation in der Deutschen Nationalbibliografie *(falls zwei Pflichtexemplare an die DNB geschickt werden!)*.

# Inhaltsverzeichnis

Die Informationen in diesem Ratgeber werden ohne Rücksicht auf einen eventuellen Patentschutz veröffentlicht. Warennamen werden ohne Gewährleistung der freien Verwendbarkeit benutzt. Bei der Zusammenstellung von Texten und Abbildungen wurde mit größter Sorgfalt vorgegangen. Für Inhalte von „Links" bzw. Webseiten wird keine Haftung übernommen. Trotzdem können Fehler nicht vollständig ausgeschlossen werden. Verlag, Herausgeber und Autor können für fehlerhafte Angaben und deren Folgen weder eine juristische Verantwortung noch irgendeine Haftung übernehmen.

Autor: Pseudonym „Dieter der coole Rentner"

Ein Projekt-Vorschlag nur für Personen die eine Tätigkeit nachweisen können, geeignete Rentner sind oder einen Studendenausweis besitzen und keine Straftaten begehen, wurde vom Autor, durch verschiedene theoretische und praktische Ausbildungen im Vertriebsmarketing von 1990-1995 und durch die negativen und positiven Berufserfahrungen in allen Firmen zu DDR-Zeiten und nach der Wende bis 2023 erstellt. Durch diese beruflichen Erfahrungen und den täglichen negativen Berichten über soziale und wirtschaftliche Probleme, entstand der Projekt-Vorschlag für eine bessere Zukunft. Nur wenn die Geschäftsidee "Kunden helfen Kunden beim Punkte sammeln", so "seriös" umgesetzt und angeboten wird, wie der Autor das beschrieben hat, können in Zukunft soziale und wirtschaftliche Probleme reduziert werden. Menschen verursachen in einem Land Probleme, nur Menschen können diese Probleme reduzieren, **WENN SIE ES WOLLEN!**

# *„Dieter der coole Rentner“*

**(Ein unbekannter „OSSI“ - Autor und Erfinder aus Sachsen)**

**Die „Spreu vom Weizen“ trennen.**

**WELTNEUHEIT für eine bessere Zukunft durch ein Lottospiel zur „Förderung der Wirtschaft“.**

***Beim Einkaufen TASCHENGELD zur freien Verfügung gewinnen.***

**„KUNDEN helfen KUNDEN beim PUNKTE sammeln“**



durch

**Löwen-Punkte (LP)**

**Voraussetzung:**

**Unternehmer, Mitarbeiter und Kunden**

sind bereit zum

**Lernen-Umdenken-Mitdenken**

## Vorwort

- **WELTNEUHEIT, wie man ganz einfach beim Einkaufen durch eine LP-Karte die „Spreu vom Weizen“ trennen könnte**

***Die Wirtschaft ist das HERZ eines Staates!***

## Vorwort von „Dieter der coole Rentner“

**(Ein unbekannter Autor und Erfinder aus Sachsen)**

Ich habe eine **WELTNEUHEIT** erfunden, für die „jüngere Generation“ die Wirtschaft für den Einzelhandel studiert haben. Wie man in einem Land durch „NEUERÖFFNUNG von Geschäften zum Punkte sammeln“ den Grundstein legen kann, um die **„Spreu vom Weizen“** trennen zu können, **OHNE** mit jemanden darüber reden zu müssen.

**Eine einfache LP-Karte entscheidet, wer eine bessere Zukunft will oder wer nicht!**

Zur Reduzierung von **Arbeitslosigkeit, Kinderarmut, Flüchtlinge, Hass, Gewalt Streiks, sinnlose Diskussionen, Krieg, etc.**, über die jeden Tag berichtet wird und von **einigen Personen** in einem Land aus **„Macht- und Geldgier, Unwissenheit und Dummheit“** verursacht werden.

**Kein Politiker und kein Bundesverfassungsschutz kann verbieten,** das neue Geschäfte für eine bessere Zukunft dafür eröffnen werden, damit Millionen Stammkunden **(Steuerzahler die seit 30 Jahren keine 3.000 Euro im Monat verdienen und abgezockt werden)** nur durch eine LP-Karte bei der Reduzierung dieser Probleme sich gegenseitig helfen könnten. Diese Personen haben dadurch die Chance, 12 Monate lang **„TASCHENGELD zur freien Verfügung“** zu gewinnen, **OHNE** mit jemanden darüber reden zu müssen.

Dieser Projekt-Vorschlag, eine **WELTNEUHEIT** hat nichts mit Personen zu tun, die sich mit Politik beschäftigen, sondern es geht um die Wirtschaft und **Personen** die Produkte dafür herstellen und anbieten.

**Jeder benötigt selber in 12 Monaten Produkte und Dienstleistungen und dafür “TASCHENGELD zur freien Verfügung”.**

**WELTNEUHEIT ein „Lottospiel zur Förderung der Wirtschaft“**

**Beim Einkaufen „TASCHENGELD zur freien Verfügung“ gewinnen durch „Kunden helfen Kunden beim Punkte sammeln“**

**JEDES Produkt ist ein Lottotipp und die Chance 10.000 Euro Taschengeld zur freien Verfügung zu gewinnen.**

**Wenn 1.010.101 Produkte = Lottotipps an Stammkunden verkauft wurden, gibt es 100%ig 1 Stammkunden der 10.000 Euro Taschengeld zur freien Verfügung gewonnen hat.**

**Jedes Produkt ist ein Lottotipp mit Punkten, Vorschlag:**

- **<u>Standard mindestens 4 Punkte = 4 Cent (weiße Schilder)</u>**
- **<u>Sonderangebote mit mehr als 4 Punkten (grüne Schilder)</u>**

**Ein Lottospiel zur Förderung der Wirtschaft und zur Reduzierung von Arbeitslosigkeit, Kinderarmut, Flüchtlinge, Hass, Gewalt Streiks, sinnlose Diskussionen, Krieg, etc., über die jeden Tag berichtet wird, <u>OHNE</u> mit jemanden darüber reden zu müssen, gibt es bis 2023 auf der Welt noch nicht.**

## „Die Wirtschaft ist das HERZ eines Staates“

**JEDE Person sollte bis zur Rente eine Tätigkeit ausüben!**

**KEIN Kundenbindungssystem**, alle Punkte werden 100%ig ausgezahlt. Es dürfen keine Punkte in den Geschäften verwendet werden. **JEDER soll selber entscheiden, für was er das TASCHENGELD zur freien Verfügung ausgeben will = WELTNEUHEIT.** Eine LP-Karte nur für Personen die eine Tätigkeit nachweisen können, geeignete Rentner sind oder einen Studentenausweis besitzen und keine Straftaten begehen.

# Wollen Sie, dass durch eine <u>LP-Karte</u> für eine bessere Zukunft die

# „<u>Spreu vom Weizen</u>“

## getrennt wird?

# *„Dieter der coole Rentner“*

**(Ein unbekannter „OSSI“ - Autor und Erfinder aus Sachsen)**

**Die „Spreu vom Weizen“ trennen.**

**WELTNEUHEIT für eine bessere Zukunft durch ein Lottospiel zur „Förderung der Wirtschaft“.**

***Beim Einkaufen TASCHENGELD zur freien Verfügung gewinnen.***

**„KUNDEN helfen KUNDEN beim PUNKTE sammeln“**

Copyright 2019 Vorschlag von Dieter Symmank
durch

**Löwen-Punkte (LP)**

**Voraussetzung:**
**Unternehmer, Mitarbeiter und Kunden**
sind bereit zum
**Lernen-Umdenken-Mitdenken**

## Einleitung

- **Es könnte auf der Welt so schön sein, leider nur ein Traum?**

***Die Wirtschaft ist das HERZ eines Staates!***

**Es könnte auf der Welt so schön sein, leider nur ein Traum?**

**An die „jüngere Generation" und Personen die Produkte in 12 Monaten herstellen und einkaufen!**

Hallo, ich **„Dieter der coole Rentner"** richte jetzt ein **„persönliches Wort"** in diesem 2. Buch, an die „jüngere Generation" und an Personen die Produkte für den Einzelhandel in 12 Monaten herstellen und einkaufen, die Sie benötigen und eventuell bereit sind zum

**LERNEN – UMDENKEN – MITDENKEN**
**denn**
**ALLEIN ist JEDER ein NIEMAND!**

## Nicht die Politik, sondern die „Wirtschaft ist das HERZ eines Staates"!

Logisch, **ALLE** Personen, egal ob Alleinstehend mit oder ohne Kinder und Familien, Rentner benötigen in 12 Monaten **TASCHENGELD zur freien Verfügung,** um Produkte (zum Beispiel: Auto, Möbel, Fernseher, Lebensmittel, usw.) zu kaufen und Dienstleistungen (Kino, Sport und Freizeitmöglichkeiten, Urlaub, Geldanlagen, usw.) zu nutzen.

**Jede Person die berufstätig ist, soll auch durch verschiedene Alternativen, das Leben genießen können, um in 12 Monaten seine Miete bezahlen, Kinder ernähren, Sport- und Freizeitmöglichkeiten bezahlen zu können und sich keine Sorgen um die Zukunft machen zu müssen, das ist meine „persönliche Meinung" als „Dieter Symmank" oder als unbekannter Autor und Erfinder „Dieter der coole Rentner".**

**Aber für mich (70) und für Millionen Personen auf der Welt, die keine 3.000 im Monat verdienen, war und ist es nur ein TRAUM!!!**

**Personen mit hohen Gehältern (Politiker im Bundestag, TV-Sender, Unternehmer, etc.?) wollen nicht das es jeden Tag bis 1.000 oder mehr Stammkunden gibt, die 10.000 Euro Taschengeld zur freien Verfügung gewinnen könnten.**

**Der Beweis, seit 2018 wurden Personen über meine Weltneuheit „Kunden helfen Kunden beim Punkte sammeln" informiert, aber keiner wollte bis 2023 dabei helfen oder darüber berichten.**

**Vielleicht sind diese Personen folgender Meinung???**

**Personen in Deutschland sorgen seit 30 Jahren für „Recht, Sicherheit und Ordnung"?**

In Deutschland gibt es keine negativen Berichte über soziale und wirtschaftliche Probleme, weil genügend Alternativen für Millionen Personen im Land angeboten werden. Es gibt wegen Geld keine Kriminalität, keine Drogen, weil jeder der berufstätig ist, genügend Lohn/Gehalt bekommt, um die vielen schönen Freizeitmöglichkeiten nutzen zu können. Es gibt keine Kriege, weil nur Personen ein Land regieren dürfen, die keine Verbrecher sind und dafür sorgen, dass niemand durch Waffengeschäfte verdient oder Waffen einsetzt, sondern dafür sorgt das die Wirtschaft im Land funktioniert, damit es keine Flüchtlinge geben muss und für „Recht, Sicherheit und Ordnung" gesorgt wird. Personen die ein Land regieren sorgen dafür, dass keine Milliarden Steuergelder sinnlos verschwendet werden dürfen, ansonsten werden diese Personen bestraft. Es gibt im Land keine Ausländerfeindlichkeit, weil **alle** begriffen haben, durch TV und ein gutes Bildungswesen, dass die Wirtschaft im Land **OHNE** diese Personen niemals existieren könnte.

Jeder Ausländer der Hetze betreibt, Drogen verkauft, Einbrüche, etc. macht, muss das Land sofort verlassen, das haben alle Länder international vereinbart.

**ALLE Rentner die Ihr Leben lang geschuftet haben, bekommen genügend Rente, um den Ruhestand genießen zu können.**

In Deutschland gibt es eine „Demokratie" und eine „freie soziale Marktwirtschaft", wo alle zufrieden sind! Es gibt keine **Arbeitslosigkeit, Kinderarmut, Flüchtlinge, Hass, Gewalt Streiks, sinnlose Diskussionen, Krieg, Firmenpleiten oder Entlassungen, etc.** durch die vielen „spannenden – sozialen – wirtschaftlichen" Alternativen, die bereits seit über 30 Jahre angeboten werden, die Millionen Personen im Land nutzen können.

**P.S. ODER habe ich das etwa geträumt????????**

Folgende Alternativen gibt es in den letzten 30 Jahren und nutzen bis heute Millionen Personen in Deutschland, die keine 3.000 Euro im Monat verdienen, damit Sie in 12 Monaten immer genügend Taschengeld zur freien Verfügung haben, um Produkte (zum Beispiel: Auto, Möbel, Fernseher, Lebensmittel, usw.) zu kaufen und Dienstleistungen (Kino, Sport und Freizeitmöglichkeiten, Urlaub, Geldanlagen, usw.) nutzen zu können.

**Die „ALTERNATIVEN“ – SUPER – ODER?**

Für Millionen Personen die keine 3.000 Euro im Monat verdienen, stehen bis heute folgende „Alternativen“ zur Verfügung:

- Lohnende Geld- bzw. Sparanlagen, um sich ein neues Auto kaufen zu können oder sonstige größere Wünsche zu erfüllen?
- Nutzung von Sonderangeboten 12 Monate lang, die in allen Prospekten jede Woche angeboten werden, um die Chance zu haben, sich ein neues Auto zu kaufen oder sonstige größere Wünsche zu erfüllen?
- Jeder Kunde hat und benutzt in 12 Monaten über 20 Kundenkarten, für Rabatte, Punkte sammeln, um die Chance zu haben, sich ein neues Auto zu kaufen oder sonstige größere Wünsche zu erfüllen?
- 30 Millionen Kunden nutzen 12 Monate lang, eine Payback-Punktekarte, diese Alternative gibt es bereits seit 2000! 20 Millionen Kunden nutzen 12 Monate lang, die DeutschlandCard (seit 2008), um die Chance zu haben sich ein neues Auto zu kaufen oder sonstige größere Wünsche zu erfüllen?
- Millionen Menschen spielen in 12 Monaten Lotto, um die Chance zu haben sich ein neues Auto zu kaufen oder sonstige größere Wünsche zu erfüllen?

Diese Beispiele von „Alternativen“ konnten bis heute in Deutschland Millionen Personen nutzen, um Produkte zu kaufen, damit Arbeitsplätze gesichert werden, um soziale und wirtschaftliche Probleme zu reduzieren und die vielen Sport- und Freizeitmöglichkeiten bezahlen zu können.

## ALLE Personen sind durch diese Alternativen seit 30 Jahren zufrieden???

**ODER?**

## <u>P.S. Ob ich immer noch TRÄUME?????????</u>

**Wenn Sie also jetzt der Meinung sind, alles was ich gerade geschrieben habe ist kein Traum, sondern trifft auf Sie zu, dann verschenken Sie dieses Buch!**

**Logisch: JEDER** hat in einem Land eine andere Meinung und die muss man akzeptieren, wenn es in dem Land Meinungsfreiheit gibt! Jeder kann im TV und in den sozialen Netzwerken, durch Lernen-Umdenken-Mitdenken verfolgen, warum und welche Personen diese Probleme **Arbeitslosigkeit, Kinderarmut, Flüchtlinge, Hass, Gewalt Streiks, sinnlose Diskussionen, Krieg, etc., über die jeden Tag berichtet wird** verursachen und nicht wollen, dass diese Probleme reduziert werden.

**P.S. Deshalb würde ich „persönlich“ darüber mit niemanden reden oder sinnlos diskutieren, es wäre Zeitverschwendung!**

Ich habe durch persönliche Erfahrungen und durch verschiedene Testversuche, nach einer Lösung gesucht und gefunden, **wie man, die „Spreu vom Weizen“ trennen kann, OHNE mit jemanden darüber reden zu müssen?**

Nur durch die **Benutzung einer LP-Karte beim Einkaufen im Einzelhandel**, könnten Stammkunden bei der Reduzierung **von Arbeitslosigkeit, Kinderarmut, Flüchtlinge, Hass, Gewalt Streiks, sinnlose Diskussionen, Krieg, etc. helfen, aber wer würde eine LP-Karte in Zukunft benutzen?**

**Dafür habe ich eine WELTNEUHEIT erfunden, ein Lottospiel zur “Förderung der Wirtschaft” zum Punkte sammeln durch “Kunden helfen Kunden beim Punkte sammeln”. 100%ig kein Kundenbindungssystem, weil alle Punkte als “Taschengeld zur freien Verfügung” ausgezahlt werden müssen.** Für **ALLE** Personen, die ebenfalls wie ich der Meinung sind, **es ist leider NUR ein Traum für Millionen Personen im Land und auf der Welt**, die sollten jetzt dieses Buch in Ruhe lesen und über folgende **WELTNEUHEIT** für eine bessere Zukunft nachdenken.

## „Kunden helfen Kunden beim Punkte sammeln“

- **Soll es eine Dienstleistung zur „Förderung der Wirtschaft“ und dafür Geschäfte geben, wo jedes Produkt ein Lottotipp ist?**

- **Soll es ein Lottospiel nur für „Stammkunden“ geben, die sich eine bessere Zukunft wünschen und 10.000 Euro Taschengeld zur freien Verfügung gewinnen könnten?**
- **Soll es Stammkunden mit einer LP-Karte geben, die bei der Reduzierung von Arbeitslosigkeit, Kinderarmut, Flüchtlinge, Hass, Gewalt Streiks, sinnlose Diskussionen, Krieg, etc., über die jeden Tag berichtet wird helfen könnten, OHNE mit jemanden darüber reden zu müssen?**

Aber was müssten Millionen Personen mit einer LP-Karte dafür in Zukunft machen? Ganz einfach:

**Überall, wo in Zukunft „Kunden helfen Kunden beim Punkte sammeln“ angeboten wird, Produkte aussuchen, die Sie benötigen und beim Bezahlen zur Registrierung der Punkte eine LP-Karte benutzen und Stammkunde werden.**

Das gleiche machen seit dem Jahr 2000 schon 30 Millionen Payback-Kunden und seit 2008 schon 20 Millionen DeutschlandCard-Kunden. Bei diesen beiden Anbietern (Payback, DeutschlandCard) sammeln Sie allein Punkte, **OHNE mit jemanden darüber reden zu müssen.** Das Problem, es werden nur **„Kundenbindungssysteme“** angeboten, deshalb gab es noch „NIE“ Kunden die 10.000 Euro Taschengeld zur freien Verfügung durch Punkte sammeln gewonnen haben, um sich vielleicht ein neues Auto kaufen oder sonstige größere Wünsche erfüllen zu können, weil eben

**ALLEIN ist JEDER ein NIEMAND!!!**

**Wenn 1 Punkt = 1 Cent Wert hat, dann ist das doch für jeden logisch – ODER haben Sie schon einmal gehört, das jemand durch Punkte sammeln 10.000 Euro gewonnen hat?**

**Wenn nur 1 Person Lotto (6 aus 49) spielen würde, dann könnte logischerweise niemand Millionen gewinnen.**

# *„Dieter der coole Rentner“*

**(Ein unbekannter „OSSI“ - Autor und Erfinder aus Sachsen)**

**Die „Spreu vom Weizen“ trennen.**

**WELTNEUHEIT für eine bessere Zukunft durch ein Lottospiel zur „Förderung der Wirtschaft“.**

***Beim Einkaufen TASCHENGELD zur freien Verfügung gewinnen.***

**„KUNDEN helfen KUNDEN beim PUNKTE sammeln“**



durch

**Löwen-Punkte (LP)**

**Voraussetzung:**
**Unternehmer, Mitarbeiter und Kunden**
sind bereit zum
**Lernen-Umdenken-Mitdenken**

## Kapitel 1

- **Warum ein Lottospiel für den Einzelhandel, wo jedes Produkt ein Lottotipp ist?**

***Die Wirtschaft ist das HERZ eines Staates!***

**Warum ein Lottospiel für den Einzelhandel, wo jedes Produkt ein Lottotipp ist?**

Wenn Sie dieses Buch gekauft oder erhalten haben, dann beantworten Sie ganz einfach „selber“ folgende Frage:

Sollen in den nächsten 30 Jahren neue Geschäfte zum Punkte sammeln eröffnet werden, für „berufstätige, geeignete Rentner, und Personen mit Studentenausweis“, die keine Straftaten begehen und keine 3.000 Euro im Monat verdienen, wo jedes Einzelprodukt mit Preisangabe ein Lottotipp ist und die Chance 10.000 Euro Taschengeld zur freien Verfügung zu gewinnen, **es wäre eine WELTNEUHEIT? ( ) JA ( ) NEIN**

Die Chance: Jedes Mal, **wenn 1.010.101 Einzelprodukte (Lottotipps) an Stammkunden verkauft wurden**, dann gebe es 100%ig 1 Person (Stammkunde) die **10.000 Euro Taschengeld zur freien Verfügung gewonnen hat**.

P.S. Würde allein Kaufland in den 1.300 Filialen diese Erfindung anbieten, dann könnte es **jeden Tag bis 100** oder mehr Stammkunden mit 10.000 Euro Taschengeld zur freien Verfügung für eine bessere Zukunft geben.

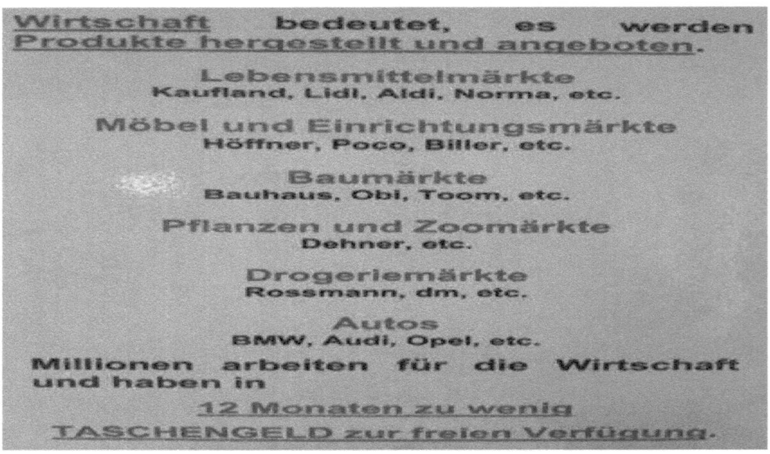


Wenn es dagegen viele Anbieter geben würde, die sich eine bessere Zukunft wünschen, dann könnte es **jeden Tag sogar bis 1.000 oder mehr** Stammkunden mit 10.000 Euro Taschengeld zur freien Verfügung geben. Es wäre eine Revolution für die Wirtschaft und zur Reduzierung vieler Probleme und für eine bessere Zukunft.

**Das Problem: Bevor die Geschäftsführer von diesen Anbietern bereit sind zum Lernen – Umdenken – Mitdenken, müssen erst neue Geschäfte eröffnet werden und es jeden Tag Stammkunden geben, die 10.000 Euro Taschengeld zur freien Verfügung gewonnen haben.**

Einige bieten bis August 2023 nur sinnlose **„Kundenbindungssysteme“** an, wie zum Beispiel „Payback, DeutschlandCard, Kaufland Card, Rabatt- und Kundenkarten, etc.“. Deshalb könnte ein „WESSI“ niemals auf meine Erfindung kommen.

**Denken Sie bei jedem Einkauf „symbolisch“ an meine Erfindung. Jedes Produkt ein Lottotipp und die Chance 10.000 Euro Taschengeld zur freien Verfügung zu gewinnen.**

Begründung: Ich bin Dieter Symmank (ein unbekannter OSSI aus Neustadt in Sachsen) ein Rentner und am 28.07.23 bereits 70 Jahre alt geworden. Mein Wunsch (30 bis 40 Jahre alt sein, um **meine** Erfindung **„Kunden helfen Kunden beim Punkte sammeln“** für eine neue Dienstleistung zum Punkte sammeln, **mit Fachexperten** umsetzen und anbieten zu können) kann logischerweise **nicht** in Erfüllung gehen.

Deshalb dieses 2. Buch für die jüngere Generation. Erst als Rentner habe ich eine Lösung gefunden, wie man durch **Neueröffnung von Geschäften zum Punkte sammeln**, den **Grundstein** für meine Erfindung legen könnte, **OHNE** mit jemanden darüber reden zu müssen. Simpel und einfach nur durch eine LP-Karte für alle, die in den nächsten 30 Jahren für eine bessere Zukunft in der Welt und für Ihre Kinder und Enkelkinder sorgen wollen.

## Warum soll es ein Lottospiel für den Einzelhandel geben?

Das Hauptproblem: JEDE Person benötigt in 12 Monaten „TASCHENGELD zur freien Verfügung“. Seit 70 Jahren dürfen einige Politiker sinnlos Milliarden Steuergelder verschwenden. Der Beweis, es gibt seit 70 Jahren vom nutzlosen „Bund der Steuerzahler“ eine Schuldenuhr und jedes Jahr nur Berichte wie Politiker Milliarden Steuergelder sinnlos verschwenden dürfen, **OHNE** dafür bestraft zu werden.

Seit 2013 macht man sich in der RTL-Sendung „Mario Barth deckt auf“ sogar noch darüber lustig. P.S. Es gebe **keine Politiker** die von Steuergeldern bezahlt werden, **OHNE** die Millionen Steuerzahler, die jeden Monat dafür arbeiten bzw. schuften müssen. Deshalb ist es ein „VERBRECHEN“ an alle ehrlichen Steuerzahler.

Diese Politiker sind schuld daran, dass seit 70 Jahren die Ausgaben und Steuern erhöht oder neue erfunden wurden und dadurch für Millionen Steuerzahler das „TASCHENGELD zur freien Verfügung“ immer weniger wird. Deshalb gibt es Millionen Personen, die keine 3.000 Euro im Monat verdienen und dadurch finanzielle und soziale Probleme haben.

Seit 30 Jahren konnte jeder „OSSI“ nach der „Deutschen Einheit“ durch TV und soziale Netzwerke verfolgen, warum und welche Personen sinnlos Milliarden Steuergelder verschwenden. 30 Jahre wurde darüber nur sinnlos geredet oder diskutiert. Mit diesem 2. Buch gebe ich Euch die Gelegenheit, damit aufzuhören und die **„Spreu vom Weizen“** zu trennen, **OHNE** mit jemanden darüber reden zu müssen.

Da ich ein „unbekannter und normaler OSSI“ bin, wollte von 2018 bis August 2023 keine einzige Person, die von mir über „Kunden helfen Kunden beim Punkte sammeln“ informiert wurde dabei helfen oder darüber berichten.

Deshalb versuche ich „Dieter der coole Rentner“ jetzt dieses 2. Buch zu schreiben, weil ich bis jetzt die **einzige Person** bin, die sich für unsere Kinder und Enkelkinder eine bessere Zukunft wünscht, ansonsten wäre ich **„Dieter der böse Rentner“,** würde ich diese Erfindung mit ins Grab nehmen.

Ich bin kein richtiger Autor oder Schriftsteller und will auch als Rentner keiner werden, sondern ich versuche meine „persönlichen Erfahrungen und meine Erfindung“ zu veröffentlichen und gebe Euch mit diesem 2. Buch eine neue Chance. Logisch, jeder Profi würde dieses Buch anders und besser schreiben, deshalb ist mir jede negative Bemerkung darüber egal.

Das Problem, diese Personen haben sich damit nicht beschäftigt und ich kann solche Personen als Rentner nicht bezahlen. Deshalb ist mir es egal, wenn jemand etwas zu meckern hat. Am 15.03.2020 wurde mein 1. Buch „Kunden helfen Kunden beim Punkte sammeln“ durch das „Selfpublishing-Portal: Bookmundo“ in 6.000 Online-Buchhandlungen angemeldet.

Dieses Buch habe ich für Geschäfte im Einzelhandel geschrieben, **die es bis 2023 gibt**. Da gab es noch keine Corona-Krise und einen Ukraine-Krieg.

ALLE Personen, die seit 15.03.2020 bis Juli 2023 vom 1. Buch „Kunden helfen Kunden beim Punkte sammeln“ wissen, wollen nicht das es JEDEN Tag bis 1.000 oder mehr Stammkunden gibt, die beim Einkaufen durch eine LP-Karte 10.000 Euro TASCHENGELD zur freien Verfügung gewinnen.

Das ist leider die WAHRHEIT!

Jeder der selber in 12 Monaten in Geschäften Produkte kauft, könnte auf diese einfache Erfindung kommen, wenn er sich genauso wie ich damit beschäftigen würde. Lesen Sie dieses Buch in Ruhe durch zum

# Lernen-Umdenken-Mitdenken.

Eurer „Dieter der coole Rentner“

# *„Dieter der coole Rentner“*

**(Ein unbekannter „OSSI“ - Autor und Erfinder aus Sachsen)**

**Die „Spreu vom Weizen“ trennen.**

**WELTNEUHEIT für eine bessere Zukunft durch ein Lottospiel zur „Förderung der Wirtschaft“.**

***Beim Einkaufen TASCHENGELD zur freien Verfügung gewinnen.***

**„KUNDEN helfen KUNDEN beim PUNKTE sammeln“**



durch

**Löwen-Punkte (LP)**

**Voraussetzung:**
**Unternehmer, Mitarbeiter und Kunden**
sind bereit zum
**Lernen-Umdenken-Mitdenken**

## Kapitel 2

- **Beim Einkaufen die „Spreu vom Weizen“ trennen?**

***Die Wirtschaft ist das HERZ eines Staates!***

**Beim Einkaufen die „Spreu vom Weizen“ trennen?**

Durch „**NEUERÖFFNUNG** von Geschäften zum Punkte sammeln“: **Auf <u>JEDES Einzelangebot</u> (Außer Zigaretten, Zeitschriften, etc.) werden als**

**<u>Standard mindestens ab 4 Punkte = 4 Cent vergeben</u>.**

Eine WELTNEUHEIT für Millionen Personen in einem Land, die eine Tätigkeit nachweisen können, geeignete Rentner sind oder einen Studentenausweis besitzen und keine Straftaten begehen, sollen “selber” entscheiden über 2 Alternativen:

1. **Ich will eine bessere Zukunft (LP-Karte benutzen).**
2. **Ich will <u>keine</u> bessere Zukunft.**

In 12 Monaten kauft jede Person bei einigen dieser Anbietern Produkte, Beispiele:

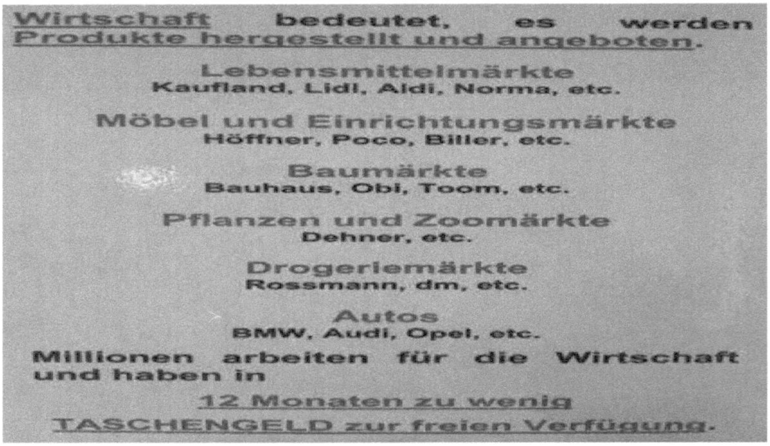


Niemand kann sich vorstellen, wie viel Einzelprodukte mit Preisangabe in jeder Minute, Stunde, Tag, Woche, Monat, Jahr bei diesen Anbietern in Deutschland bezahlt werden? Wie viel Personen haben an der Herstellung dieser Produkte gearbeitet und keine 3.000 Euro im Monat verdient?

OHNE diese Personen gebe es keine Produkte im Angebot. **Jeder Kunde benötigt für diese Produkte TASCHENGELD zur freien Verfügung.**

## Aber, wer würde eine LP-Karte benutzen?

# *„Dieter der coole Rentner“*

**(Ein unbekannter „OSSI“ - Autor und Erfinder aus Sachsen)**

**Die „Spreu vom Weizen“ trennen.**

**WELTNEUHEIT für eine bessere Zukunft durch ein Lottospiel zur „Förderung der Wirtschaft“.**

***Beim Einkaufen TASCHENGELD zur freien Verfügung gewinnen.***

**„KUNDEN helfen KUNDEN beim PUNKTE sammeln“**



durch

**Löwen-Punkte (LP)**

**Voraussetzung:**

**Unternehmer, Mitarbeiter und Kunden**

sind bereit zum

**Lernen-Umdenken-Mitdenken**

## Kapitel 3

- **Projekt-Vorschlag zum Aufbau einer neuen Dienstleistung zum Punkte sammeln. Name: „Löwen-Punkte (LP)“?**

***Die Wirtschaft ist das HERZ eines Staates!***

**Projekt-Vorschlag zum Aufbau einer neuen Dienstleistung zum Punkte sammeln. Name: „Löwen-Punkte"?** P.S. "Löwen-Punkte (LP)" bedeutet, ich bin im Sternzeichen Löwe (Juli) geboren.

| ***1. Gruppe – 1 TV - Studio*** |
| --- |
| Fachexperten (Projektleiter) und Mitarbeiter zur Information und zum Aufbau einer großen Gemeinschaft von 20 Millionen Stammkunden in Deutschland, sowie als Bildungsfernsehen für die Wirtschaft<br>Alle Personen dieser Gruppe 1 erhalten als Motivation 1 Cent von der Jahresgebühr |

| ***2. Gruppe – PROJEKT – Fachexperten*** |
| --- |
| **„KUNDEN helfen KUNDEN beim PUNKTE sammeln"**<br>Copyright 2019 Vorschlag von Dieter Symmank |
| Alle Fachexperten die für diesen Projekt-Vorschlag benötigt werden, Fachexperten für die Verteilung und Auszahlung von Punkten, Programmierer, Rechtsanwälte, Datenschützer, Wirtschaft für den Einzelhandel studiert haben, etc.<br>Alle Personen dieser Gruppe 2 erhalten als Motivation 1 Cent von der Jahresgebühr |

| ***3. Gruppe – Punkte - Anbieter*** |
| --- |
| Neueröffnung von Geschäften zum Punkte sammeln<br>Geschäftsführer die dafür sorgen, das auf Einzelprodukte Punkte vergeben werden und diese 100%ig als TASCHENGELD zur freien Verfügung an die Dienstleistung bezahlt werden. (1 Punkt = 1 Cent) |

| ***4. Gruppe – Kunden die beim Einkaufen TASCHENGELD zur freien Verfügung gewinnen wollen*** |
| --- |
| Punkte sammeln dürfen NUR Personen die eine Tätigkeit nachweisen können, geeignete Rentner sind oder einen Studentenausweis besitzen und keine Straftaten begehen, Lügner und Betrüger sollen für 3 Jahre gesperrt und für Stammkunden veröffentlicht werden |

Bei dieser Diestleistung müssen alle Fachexperten und Mitarbeiter als Stammkunden „selber" in diesen Geschäften Produkte kaufen, die Sie benötigen. Nur so können alle feststellen, ob alles funktioniert oder etwas verbessert oder verändert werden müsste. JEDER hat mit Dienstleistungen gute oder schlechte Erfahrungen gemacht. Diese entstand nach meinen **„persönlichen"** Erfahrungen bis zur Rente.

# *„Dieter der coole Rentner"*

**(Ein unbekannter „OSSI" - Autor und Erfinder aus Sachsen)**

**Die „Spreu vom Weizen" trennen.**

**WELTNEUHEIT für eine bessere Zukunft durch ein Lottospiel zur „Förderung der Wirtschaft".**

***Beim Einkaufen TASCHENGELD zur freien Verfügung gewinnen.***

**„KUNDEN helfen KUNDEN beim PUNKTE sammeln"**



durch

**Löwen-Punkte (LP)**

**Voraussetzung:**
**Unternehmer, Mitarbeiter und Kunden**
sind bereit zum
**Lernen-Umdenken-Mitdenken**

## Kapitel 4

- **Warum wir ab 2023 alle von 0 = NULL anfangen müssen?**

***Die Wirtschaft ist das HERZ eines Staates!***

**Warum wir ab 2023 alle von 0 = NULL anfangen müssen?**

Jeder kann beobachten, wie die Wissenschaft und Technik – VORWÄRTS geht bzw. immer besser wird, weil Fachexperten OHNE Politiker daran arbeiten. Jeder kann beobachten, warum und welche Politiker die ein Land regieren und Personen vom Bundesverfassungsschutz – RÜCKWÄRTS arbeiten, damit alles viel schlechter wird.

Deshalb müssen wir die **"Spreu vom Weizen"** trennen, wenn es eine bessere Zukunft geben soll.

Alle Fehler die in der DDR und nach der "Deutschen Einheit" gemacht wurden oder was bis 2023 schlecht war weglassen und alle Verbesserungen die es bis 2023 gibt, nutzen, wenn es möglich ist, nur so können wir in Zukunft gemeinsam Probleme reduzieren.

Die Begründung dafür ist ganz einfach, seit 30 Jahren sorgen **Personen** für diese Probleme **Arbeitslosigkeit, Kinderarmut, Flüchtlinge, Hass, Gewalt Streiks, sinnlose Diskussionen, Krieg, etc., über die jeden Tag berichtet wird. Diese Personen haben eine Schule besucht und danach eine Ausbildung erhalten, <u>damit diese Probleme verursacht werden</u>.**

Jede Woche berichten TV-Sender, warum und welche Personen diese Probleme aus „Macht- und Geldgier, Unwissenheit und Dummheit" verursachen. Wenn Personen im Land diese Probleme verursachen, dann liegt es an **TV-Sendern** und am **schlechten Bildungswesen** und **<u>nicht an der Marktwirtschaft</u>**.

Der ehemalige Bundespräsident "Roman Herzog" hatte **<u>bereits 1997</u>** eine grundlegende Bildungsreform gefordert: **Durch Deutschland muss ein Ruck gehen!**

**Dieser Ruck ist bis 2023 ausgeblieben - WARUM?**

Herzog hatte damals aufgerufen, das deutsche Bildungssystem gründlich zu entrümpeln, zu straffen und für die Zukunft fit zu machen. Das Bildungswesen muss **WERTORIENTIERT** sein, **PRAXIS** bezogen, **INTERNATIONAL** und **VIELGESTALTIG**, es müsse **WETTBEWERB** zulassen und **KEINE ZEIT** vergeuden!

**Bei dieser Massenveranstaltung bekam er dafür riesigen Beifall, weil er „RECHT" hatte und als Bundespräsident „SUPER" reden, aber „selbst" in dieser Verbrecherwirtschaft nichts ändern konnte. KEINE einzige Person hat bis heute für ein besseres Bildungssystem gesorgt. Seit 30 Jahren konnte auch jeder „OSSI" erleben, wie und welche Personen in Deutschland für „Recht, Sicherheit und Ordnung" sorgen. Wie unser Bildungssystem** diese Probleme **Arbeitslosigkeit, Kinderarmut, Flüchtlinge, Hass, Gewalt Streiks, sinnlose Diskussionen, Krieg, etc., über die jeden Tag berichtet wird verursacht.**

**Keine Person wird als „Verbrecher" geboren!**

Deshalb mache ich mir als Rentner „große Sorgen", um „unsere Kinder und Enkelkinder". Im TV kann ich jede Woche sehen, warum und welche Personen dafür sorgen, dass es für immer ein

**„Armes Deutschland – Reiches Deutschland" oder sogar einen 3. Weltkrieg gibt?**

P.S. Für mich war „Michael Gorbatschow" der einzige Präsident, den es bis heute gegeben hat, der verstanden hatte, das die „Wirtschaft das HERZ eines Staates" ist und Probleme niemals mit Krieg, sondern nur durch Verhandlungen friedlich gelöst bzw. reduziert werden können. Dadurch konnte die „Deutsche Einheit" friedlich erreicht werden. In der DDR haben tausende Kampfgruppen nur auf einen „Schießbefehl" gewartet, um die Demonstranten niederzuschießen. Dank Gorbatschow wurde kein Befehl dazu gegeben. Politiker die in der DDR an der Macht waren wussten, dass der Sozialismus zu Ende geht.

Ich hatte vor der „Deutschen Einheit" einen Chef der bei der „Stasi" war und mich durch „Erpressung" in die Kampfgruppe gezwungen hatte. Dadurch wusste ich wie gefährlich die Lage war. Der einzige Vorteil für mich war, ich wusste das Gorbatschow niemals Waffen gegen Deutschland einsetzen wird, denn mein Chef gab mir 1987 einen Bericht zum Lesen, wo Gorbatschow berichtet hat, wie alle Politiker in den sozialistischen Ländern die Wirtschaft durch „Macht- und Geldgier, Unwissenheit und Dummheit" geschädigt haben, durch Korruption und sinnloser Planwirtschaft.

Ich habe diesen Bericht zum Lernen-Umdenken-Mitdenken benutzt, da ich selber als „parteiloser Arbeiter“ in verschiedenen Bereichen im „Kombinat Fortschritt“ der größte Landmaschinenhersteller in der DDR gearbeitet habe, konnte ich viele Erfahrungen sammeln. da wusste ich und viele andere noch nicht, das bereits 1989 zum 40 Jahrestag der DDR auch die Wende eingeleitet wurde. Die Mauer ist weg, jetzt müssen wir Lernen-Umdenken-Mitdenken!

**Die <u>friedliche</u> „Deutsche Einheit“ haben wir „Michael Gorbatschow“ zu verdanken.**

Für mich war es der Beweis: **NIEMALS Waffen einsetzen**, wenn es Probleme gibt, sondern **„<u>NUR</u>“** durch Verhandlungen eine Lösung finden, egal wie lange es dauert. Frieden und Abrüstung ist die wichtigste Aufgabe für alle Personen auf der Welt, die keinen Krieg, Flüchtlinge und eine bessere Wirtschaft im Land wollen.

2023 gab es wegen dem Ukraine-Krieg einen G7 und einen NATO-Gipfel, wo „unfähige Politiker“ die an der Macht sind beschlossen haben, diesen Planeten „Erde“ durch sinnlose Verschwendung von Milliarden Steuergeldern für Waffenlieferungen und Aufrüstung zu zerstören. Darüber haben diese „Idioten“ zum Schluss noch gelacht, weil vereinbart wurde, keine Friedensverhandlungen mit Russland.

Keiner will von Putin wissen, warum er die Ukraine angegriffen hat! Hat die USA etwa Angst vor der WAHRHEIT, weil Sie dafür in der Ukraine gesorgt haben?

Personen, die durch die Waffen und Rüstungsindustrie verdienen, sind die größten Verbrecher auf diesen Planeten, weil Milliarden für die Vernichtung sinnlos auf der WELT verschwendet wird.

**<u>Das ist die Hauptursache für die vielen Flüchtlinge und Zerstörung der Wirtschaft in vielen Ländern</u>.**

Mit jedem Schuss, egal von welcher Waffe dieser abgefeuert wird, wollen Personen, das andere Personen zerfetzt oder getötet werden. Deshalb ist für mich jeder der den Befehl dazu gibt oder dafür eine Waffe benutzt ein Verbrecher. P.S. Im 1. Weltkrieg haben Soldaten eine „Weiße Fahne“ benutzt, um sich nicht gegenseitig durch „kranke Befehlshaber“, die von weitem den Krieg beobachtet haben, abschlachten zu lassen.

Dadurch kamen Friedensverhandlungen zustande. Es gibt Millionen Personen in Deutschland, die wollen keinen Krieg und sind gegen Waffenlieferungen, aber diese Personen werden als „rechtsradikale und Nazis“ beschimpft und vom Verfassungsschutz beobachtet oder sogar in der Öffentlichkeit vom Bundeskanzler als „DUMM“ bezeichnet.

Ich gehöre zu den Personen die gegen Waffenlieferungen, Flüchtlinge und Krieg sind. Da Politiker von der AfD ebenfalls dafür sind, wünsche ich mir das die AfD die nächsten Bundestagswahlen gewinnt, damit endlich in Deutschland für „Recht, Sicherheit und Ordnung“ nach dem Grundgesetz gesorgt werden könnte. Seit der Gründung der AfD verfolge ich, warum und welche Personen gegen die AfD im TV und sozialen Netzwerken Hetze betreiben dürfen und gegen „freie Wahlen und das Grundgesetz“ verstoßen. Seit 30 Jahren gibt es wieder ein Deutschland und viele WESSIS glauben, wir OSSIS sind alle „DOOF“, weil wir in der DDR gelebt haben, wir durften kein Westfernsehen gucken und wussten nicht welche Alternativen bietet die Marktwirtschaft?

Millionen OSSIS wollen keine Stasi mehr, die dafür gesorgt hatte, das 40 Jahre nur die SED an der Macht war. Heute sorgt der Bundesverfassungsschutz dafür, dass nur Personen von alten Parteien an der Macht bleiben, damit es für immer ein **„Armes Deutschland – Reiches Deutschland“** gibt.

Leider haben wir immer noch das gleiche Problem wie in der DDR, seit 30 Jahren gibt es Politiker in Deutschland, die das Volk durch Wahlen verarscht haben und nicht für „Recht, Sicherheit und Ordnung“ sorgen, sondern für **Arbeitslosigkeit, Kinderarmut, Flüchtlinge, Hass, Gewalt Streiks, sinnlose Diskussionen, Krieg, etc., über die jeden Tag berichtet wird.**

Deshalb habe ich durch 30 Jahre Erfahrungen in Bayern, nach einer Lösung gesucht und gefunden, wie man die **„Spreu vom Weizen“** trennen kann, **<u>OHNE</u>** mit jemanden darüber reden zu müssen.

„Junge Fachexperten“ die Wirtschaft für den Einzelhandel studiert haben, müssen nur dafür sorgen, dass zuerst die erforderlichen Informationen und Regeln erstellt werden, danach kann durch ein TV-Studio als Bildungsfernsehen für die Wirtschaft darüber berichtet werden, warum und wo „neue Geschäfte“ eröffnet wurden.

Damit in Deutschland mindestens 20 Millionen Stammkunden, nur durch eine LP-Karte für eine bessere Zukunft sorgen könnten.

Es gibt „junge Personen“ die Wirtschaft für den Einzelhandel studiert haben. Für diese Personen habe ich dieses 2. Buch „Kunden helfen Kunden beim Punkte sammeln“ geschrieben.

Ein Projekt-Vorschlag zum Punkte sammeln durch eine LP-Karte für alle die sich einen **Planeten OHNE Krieg, Flüchtlinge und eine bessere Zukunft wünschen.** Denn es geht **nicht** um meine Zukunft, ich bin bereits 70 Jahre alt, sondern es geht **um Eure Zukunft** und Ihr sollt es besser machen, als viele Eltern die seit 30 Jahren in Deutschland, die vielen Probleme verursachen oder darüber nur sinnlos reden oder diskutieren.

Alle anderen Personen die sich eine bessere Zukunft wünschen, können mithelfen das geeignete Fachexperten davon erfahren. Wenn „Kunden helfen Kunden beim Punkte sammeln“ umgesetzt und durch eine LP-Karte angeboten wird, können alle durch dieses 2. Buch kontrollieren, ob meine **„WELTNEUHEIT richtig und seriös“** durch Fachexperten verstanden wurde.

Nur durch die **„Neueröffnung von Geschäften zum Punkte sammeln durch eine LP-Karte“**, kann der **Grundstein für eine bessere Zukunft gelegt werden.**

Jedes Produkt was für den Einzelhandel hergestellt wird, ist ein Lottotipp und die Chance 10.000 Euro Taschengeld zur freien Verfügung zu gewinnen. Dafür benötigt man zur Registrierung nur eine LP-Karte. Immer wenn 1.010.101 Produkte = Lottotipps verkauft wurden, gibt es 100%ig einen Stammkunden der 10.000 Euro Taschengeld zur freien Verfügung gewonnen hat, wenn nur Produkte mit mindestens 4 Punkten = 4 Cent verkauft wurden.

Mit meiner WELTNEUHEIT „Kunden helfen Kunden beim Punkte sammeln“, könnten Millionen Stammkunden die bei der Reduzierung von **Arbeitslosigkeit, Kinderarmut, Flüchtlinge, Hass, Gewalt Streiks, sinnlose Diskussionen, Krieg, etc.**, über die jeden Tag berichtet wird helfen wollen, in jedem Land die **„Spreu vom Weizen“** trennen, OHNE mit jemanden darüber reden zu müssen.

**Nur durch die Benutzung einer LP-Karte zum Punkte sammeln.**

# *„Dieter der coole Rentner“*

**(Ein unbekannter „OSSI“ - Autor und Erfinder aus Sachsen)**

**Die „Spreu vom Weizen“ trennen.**

**WELTNEUHEIT für eine bessere Zukunft durch ein Lottospiel zur „Förderung der Wirtschaft“.**

***Beim Einkaufen TASCHENGELD zur freien Verfügung gewinnen.***

**„KUNDEN helfen KUNDEN beim PUNKTE sammeln“**



durch

**Löwen-Punkte (LP)**

**Voraussetzung:**

**Unternehmer, Mitarbeiter und Kunden**

sind bereit zum

**Lernen-Umdenken-Mitdenken**

## Kapitel 5

- **Lernen – Umdenken - Mitdenken**

***Die Wirtschaft ist das HERZ eines Staates!***

## *Ein Projekt-Vorschlag zum PUNKTE sammeln!*

(für die „jüngere Generation“ zum Lernen – Umdenken – Mitdenken)

# **NEUERÖFFNUNG von leeren Geschäften mit Produkten zum Punkte sammeln,**

**die wegen der Corona-Krise in die Pleite getrieben wurden und deshalb schließen mussten.**

# WELTNEUHEIT

# **„Beim Einkaufen TASCHENGELD zur freien Verfügung gewinnen“.**

### Ein Lottospiel zur Förderung der Wirtschaft

### „KUNDEN helfen KUNDEN beim PUNKTE sammeln“



durch

## Löwen-Punkte (LP)

**JEDE Person in einem Land benötigt in 12 Monaten Produkte und Dienstleistungen und nicht alle verdienen 3.000 Euro im Monat!**

**JEDES Produkt mit Preisangabe und Punkten in den “NEU” eröffneten Geschäften ist 1 Lotto-Tipp für Stammkunden und die Chance bis 10.000 Euro Taschengeld zur freien Verfügung zu gewinnen.**

**Immer wenn 1.010.101 Einzelaktionen verkauft wurden, gibt es 100%ig einen Stammkunden als Hauptgewinner mit 10.000 Euro Taschengeld zur freien Verfügung. Vorschlag:**

- **Standard mindestens 4 Punkte = 4 Cent (weiße Schilder)**
- **Sonderangebote mit mehr als 4 Punkten (grüne Schilder)**

Ein Lottospiel zur Förderung der Wirtschaft und zur Reduzierung **von Arbeitslosigkeit, Kinderarmut, Flüchtlinge, Hass, Gewalt Streiks, sinnlose Diskussionen, Krieg, etc., über die jeden Tag berichtet wird, OHNE mit jemanden darüber reden zu müssen, gibt es bis 2023 auf der Welt noch nicht. „Die Wirtschaft ist das HERZ eines Staates“**

## Ein Lottospiel zur Förderung der Wirtschaft

**„NUR“ für Personen**, die eine **Tätigkeit nachweisen können, geeignete Rentner sind oder einen Studentenausweis besitzen und keine Straftaten begehen**, damit **unsere Kinder und Enkelkinder die Chance für eine „bessere Zukunft“ in den nächsten 30 Jahren** haben. Zum **Lernen-Umdenken-Mitdenken**!

**Punkte sammeln nur gegen eine Jahresgebühr möglich.** Wer in diese Geschäfte Einkaufen gehen würde hat somit 2 Alternativen:

1. **Er sammelt keine Punkte.**
2. **Er will „Stammkunde“ werden, durch „Kunden helfen Kunden beim Punkte sammeln“ gegen eine Jahresgebühr. Ein Lottospiel zur Förderung der Wirtschaft und zur Reduzierung von vielen Problemen. Stammkunden haben die Chance pro Einzelaktion = Lottotipp bis 10.000 Euro TASCHENGELD zur freien Verfügung gewinnen zu können.**

**Nur Stammkunden, wollen für eine bessere Zukunft sorgen.**

### Auszahlung von Punkten

**KEIN Kundenbindungssystem**, bei diesem Lottospiel werden alle “Löwen-Punkte (LP) 1 LP = 1 Cent” 100%ig **als „Taschengeld zur freien Verfügung“** aufs **angegebene Konto überwiesen. Es dürfen keine Punkte (LP) beim Einkaufen benutzt werden. Deshalb darf “NUR” eine LP-Karte zur Registrierung angeboten werden, damit die LP auch 100%ig ausgezahlt werden können.**

**Begründung, ich habe mit dem Lottospiel “Kunden helfen Kunden beim Punkte sammeln” eine Weltneuheit erfunden. Bei allen Lottospielen die ich kenne, werden die Gewinne als TASCHENGELD zur freien Verfügung ausgezahlt, dabei spielt die HÖHE der Gewinne keine Rolle.**

Da Politiker durch die Corona-Krise für viele leere Geschäfte gesorgt haben, könnte durch die Neueröffnung von Geschäften, der Grundstein für meine Erfindung “Kunden helfen Kunden beim Punkte sammeln” gelegt werden.

Das wäre mit den Anbietern die es bis 2023 gibt niemals möglich, deshalb steht das im 1. Buch vom 15.03.2020 auch anders.

Durch die “Neueröffnung von Geschäften” muss mit niemanden darüber sinnlos geredet werden und es ist dadurch einfacher für den Aufbau von Millionen Stammkunden in einem Land zu sorgen, solange es Stammkunden gibt, die keine 3.000 Euro im Monat verdienen und sich eine bessere Zukunft wünschen.

Jeder Durchgang von 1.010.101 Einzelprodukten (Lottotipps) wird sofort ausgezahlt, wenn innerhalb von ca. 6 Wochen der Punktwert von den Anbietern bezahlt wurde. Jeder Stammkunde soll “selber” entscheiden, was er mit seinem Lottogewinn (Taschengeld zur freien Verfügung) machen will. NUR “Stammkunden die eine LP-Karte benutzen” wollen eine bessere Zukunft für unsere Kinder und Enkelkinder.

# ALLEIN ist JEDER ein NIEMAND

**Für Stammkunden eine „Motivation“ zum Löwen-Punkte (LP) sammeln!**

1. **NIEMAND weiß, mit wem seine LP in Deutschland geteilt werden oder welchen Beruf er ausübt oder Nationalität er angehört!!!**
2. **NIEMAND weiß, von wem er LP bekommt!!!**
3. **NIEMAND weiß, wie viel und welche Produkte von Kunden gekauft oder welche Dienstleistungen genutzt wurden und wie viel LP es dafür für die Verteilung gegeben hat!!!**
4. **Aber jeder wäre bereit, „anonym“ LP zu SPENDEN, um anderen zu helfen! NUR Stammkunden wollen eine bessere Zukunft, OHNE mit jemanden darüber reden zu müssen.**

Millionen Personen in vielen Ländern wollen keinen Krieg, Flüchtlinge und diesen Planeten „ERDE“ zerstören, die „unfähigen Politiker“ von G7 und NATO – Ländern sorgen nicht für Friedenverhandlungen, sondern für Krieg durch Waffenlieferungen, Aufrüstung und verursachen diese Probleme durch Verschwendung von Milliarden Steuergeldern, anstatt für Abrüstung und Frieden zu sorgen.

## „Die Wirtschaft ist das HERZ eines Staates“

(P.S. Dazu gehören nicht die Hersteller und Anbieter von Kriegswaffen)

Kennen Sie Personen, die in einer Wohnung leben und in **12 Monaten keine Produkte einkaufen oder Dienstleistungen** benötigen?

**Ich jedenfalls „persönlich" nicht!**

Der Unterschied, es gibt Millionen Personen die keine 3.000 Euro im Monat verdienen und es gibt Personen, die mehr als 3.000 Euro im Monat verdienen. Jede Person soll bis zur Rente eine Tätigkeit ausüben, wer ein Problem damit hat, darf niemals in den Geschäften, die für meine Erfindung geöffnet werden eine LP-Karte zum Punkte sammeln benutzen. **OHNE** neue Alternativen, wird es genauso wie in den letzten 30 Jahren, für immer Personen geben, die für ein „Armes Deutschland – Reiches Deutschland" sorgen. Wer für den Einzelhandel studiert hat, sollte darüber nachdenken.

**P.S. Wollen SIE eine „bessere Zukunft"? ( ) JA ( ) NEIN**

Für alle die Punkte sammeln wollen, soll es einfache und strenge Regeln geben. In jedem Geschäft sollen „Lügner und Betrüger" gewarnt werden durch ein Hinweisschild, **„Lügner und Betrüger werden für Stammkunden veröffentlicht und für 3 Jahre gesperrt".**

Begründung: **„Es wird immer Lügner und Betrüger"** geben.

**Alle Personen die nicht wollen**, dass es jeden Tag Stammkunden gibt, die **10.000 Euro TASCHENGELD zur freien Verfügung gewinnen können**, wollen **KEINE bessere Zukunft für unsere Kinder und Enkelkinder**.

## ***Die Wirtschaft ist das HERZ eines Staates!***

Wegen der Corona-Krise und Ukraine-Krieg wurden viele Geschäfte durch Politiker in die Pleite getrieben und mussten deshalb schließen.

Die einmalige Chance, den Grundstein für "Kunden helfen Kunden beim Punkte sammeln" zu legen, solange es Personen gibt, die in den nächsten 30 Jahren keine 3.000 Euro im Monat verdienen.

Beim Einkaufen die “Spreu vom Weizen” trennen, simpel und einfach.

## NEUERÖFFNUNG von leeren Geschäften mit Produkten zum Punkte sammeln!

Das ist meine Erfindung!

Das Herzstück für die Verteilung von Löwen-Punkte (LP)

„Spannend und Sozial“

1 Einzel-Aktion ab 4 Cent = 4 LP

| Jeder Durchgang besteht aus 4 Klassen x 100 Matrix | | |
|---|---|---|
| 1. Klasse | | 1 LP-Kunde |
| 2. Klasse | | 100 |
| 3. Klasse | | 10.000 |
| 4. Klasse | | 1.000.000 |
| 1 Durchgang besteht aus 1.010.100 Einzel-Aktionen mit LP, danach beginnt ein neuer von vorn | | |

Bevor ein Produkt im Einzelhandel angeboten werden kann, muss es hergestellt werden. Es ist vollkommen normal, das sich Millionen Personen nicht vorstellen können, welcher Aufwand dafür erforderlich ist und wie viel Personen daran gearbeitet haben und keine 3.000 Euro im Monat verdienen. Aber alle diese Personen sind für die Wirtschaft wichtig.

Es ist absolut kein Problem, wenn zur „Motivation“ für „Kunden helfen Kunden beim Punkte sammeln“ auf jedes Produkt, ab mindestens 4 Punkte = 4 Cent vergeben werden.

Eine LP-Karte für alle „geeigneten Personen“ die sich als Stammkunden eine bessere Zukunft wünschen.

Einige dieser Geschäftsführer bieten nur sinnlose Kundenbindungssysteme an. In den Medien kann man beobachten, wie sich Hersteller und Anbieter gegenseitig bekämpfen.

Unvorstellbar, wenn diese Geschäftsführer in Zukunft bereit wären zum Lernen - Umdenken – Mitdenken, dann könnte es jeden Tag bis 1.000 oder mehr Stammkunden geben, die 10.000 Euro Taschengeld zur freien Verfügung gewonnen haben. Millionen Personen arbeiten an der Herstellung dieser Produkte und verdienen keine 3.000 Euro im Monat. Das sind die wichtigsten Personen für die Wirtschaft. Ich habe das als Kunde begriffen, dagegen Denken viele dieser Geschäftsführer nur an sich.

Als Anerkennung an alle Personen die an der Herstellung von Produkten arbeiten, die in den "NEU" eröffneten Geschäften angeboten werden, sollen auf alle **Einzelangebote mit Preis mindestens 4 Punkte als Standard** vergeben werden. Damit könnten in Zukunft alle die an der Herstellung dieser Produkte arbeiten **"selber"** in diesen Geschäften ein Stammkunde werden. Das wäre eine „Motivation" für viele Mitarbeiter die daran arbeiten.

**Unvorstellbar, in 1 Euro verbergen sich 100 Cent.**

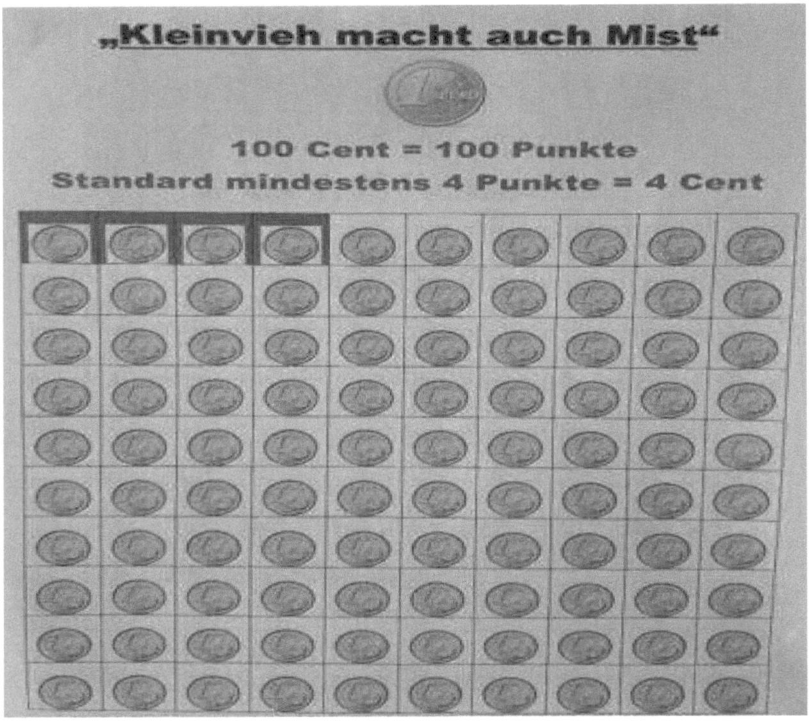


Das weiß sicherlich jeder, aber wie man diese zur “Motivation” benutzen könnte? Das bedeutet, man kann auf „JEDES“ Einzelprodukt mit Preisangabe als Standard mindestens 4 Punkte = 4 Cent als „Motivation“ vergeben. P.S. Ich hatte zufällig nach der “Deutschen Einheit” Ausbildungen im Vertriebs-Marketing, deshalb weiß ich, das diese Punktevergabe kein Problem ist und durch geeignete Fachexperten 100%ig umsetzbar. Sie müssen es nur TUN!

“NUR” Personen die keine bessere Zukunft wollen, werden versuchen darüber sinnlos zu reden, zu diskutieren, etc., aber das sind “KEINE” Fachexperten, die Wirtschaft für den Einzelhandel studiert haben, sondern “IDIOTEN”, die seit 30 Jahren ein “Armes Deutschland – Reiches Deutschland” wollen bzw. dafür sorgen.

Solche Personen sehe ich jede Woche und seit 30 Jahren im TV.

Lernen – Umdenken – Mitdenken bedeutet, ob und wie man diese Weltneuheit in Zukunft zur Motivation benutzen könnte, egal ob für Mitarbeiter oder für Kunden.

Beispiel: **Ein Unternehmer der Produkte herstellt** für Geschäfte die „Kunden helfen Kunden beim Punkte sammeln“ anbieten, könnte seinen Mitarbeitern, die in solchen Geschäften einkaufen gehen wollen, **die Jahresgebühr bezahlen**?

Das wäre vielleicht eine **„Motivation für Mitarbeiter“**, um mit **„Herz und Seele“** für das Unternehmen zu arbeiten, Arbeitsplätze zu sichern und bei der Reduzierung von Problemen helfen, „spannend und sozial“ für eine bessere Zukunft?

**Alles nur eine Frage der “Kommunikation” und “Motivation”.**

Mein Vorschlag an alle, die dieses Buch lesen zum
Lernen – Umdenken – Mitdenken!

**P.S. Damit Sie meine WELTNEUHEIT “Kunden helfen Kunden beim Punkte sammeln” besser verstehen können, fahren Sie zu Kaufland und sehen Sie, wie einfach man durch “Beobachtung” Lernen – Umdenken – Mitdenken kann.**

**Ich habe das in Landshut, Stuttgard und Neustadt bei Kaufland gemacht und dadurch kam ich auf diese Erfindung.**

Bei Kaufland sehen Sie, entweder **weiße** und **gelbe** Schilder mit Preisangabe und **viele rote** Schilder mit Preisangabe.

Würde Kaufland meine Erfindung anbieten, dann wären die weißen und gelben Schilder jeweils 1 Lotto-Tipp mit mindestens Standard ab 4 Punkten = 4 Cent zur Auswahl. ALLE roten Schilder wären jeweils 1 Lotto-Tipp mit mehr als 4 Punkten = 4 Cent zur Auswahl.

An diesem Beispiel können Sie sehen, was mann unter 1 Produkt mit Preisangabe versteht. Der gelbe Punkt bedeutet, man könnte auf alle Produkte mit Preisangabe als Standard mindestens 4 Punkte = 4 Cent vergeben.

**Das bedeutet, JEDES Produkt mit Preisangabe 1 Lotto-Tipp und die Chance 10.000 Euro TASCHENGELD zur freien Verfügung zu gewinnen = WELTNEUHEIT.**

In dem folgenden Beispiel sehen Sie, wie einfach man mehr als 4 Punkte = 4 Cent auf jedes Einzelprodukt mit Preisangabe vergeben könnte:

P.S. Ich habe persönlich gestaunt, wie einfach es ist und welche Alternativen es geben könnte. Ich habe im Juni 2019 ein Video auf USB-Stick an Personen von DeutschlandCard geschickt, wie man aus allen Prospekten symbolisch ein Lottoschein mit Einzelprodukten mit Punkten vergeben könnte. Ich wusste, die werden genauso wie Payback sich nicht mit einem **"unbekannten OSSI"** darüber unterhalten wollen, aber bestimmt meine Idee nutzen. In dem Video sagte ich deshalb nur 30 bis 50 Einzelprodukte. Im August 2019 konnte ich in einem Prospekt die Wahrheit sehen, dass ich Recht hatte.

Es waren über 30 Einzelangebote mit Punkten, so wie in diesem Beispiel. Ich konnte von 10 bis 100 Punkte auf Einzelprodukte mit Preisangabe feststellen. So einfach, kann man aus jedem Produkt ein Lotto-Tipp machen.

Jetzt schauen Sie sich in Ruhe die Einkaufswagen von Kunden an. Da können Sie sehen, wie viel Lotto-Tipps in diesen Einkaufswagen liegen oder bereits auf das Band an der Kasse gelegt wurden. Schauen Sie auch in Ihren Einkaufswagen, wie viele Lotto-Tipps haben Sie **"selber"** die Sie benötigen ausgesucht?

Stellen Sie sich mal vor, in den 1.300 Filialen nur von Kaufland stehen jede Minute von 7 bis 22 Uhr Stammkunden an der Kasse, die viele Lotto-Tipps bezahlen. Immer wenn 1.010.101 Lotto-Tipps von Stammkunden in den 1.300 Filialen bezahlt wurden, hätte 1 Stammkunde 100%ig 10.000 Euro TASCHENGELD zur freien Verfügung gewonnen. Genauso konnte ich beobachten, das von Montag bis Mittwoch es bei Kaufland ruhiger an der Kasse ist, dagegen von Donnerstag bis Samstag und vor Feiertagen der Ansturm viel größer ist.

Deshalb könnte es jeden Tag **nur** bei Kaufland **bis** 100 oder mehr Stammkunden mit 10.000 Euro Taschengeld zur freien Verfügung geben.

Unvorstellbar, wenn einige Geschäftsführer bereit wären zum Lernen-Umdenken-Mitdenken und “Kunden helfen Kunden beim Punkte sammeln” durch eine LP-Karte anbieten würden.

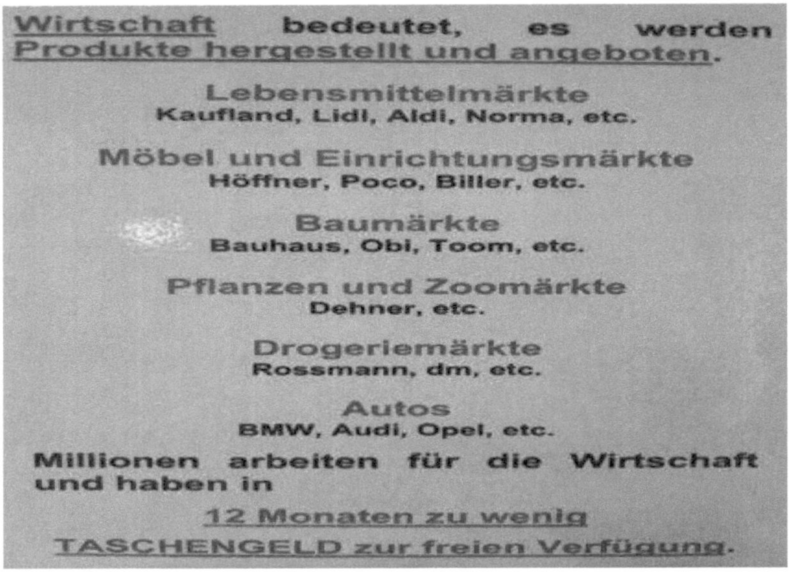


Dann könnte es **jeden Tag bis 1.000 oder mehr Stammkunden mit 10.000 Euro Taschengeld zur freien Verfügung** geben.

### Eine Revolution für die Wirtschaft?

Es wäre eine “spannende und soziale Motivation” für alle die keine 3.000 Euro im Monat verdienen, aber für diese Anbieter Produkte herstellen, anstatt wie bei Kaufland die sinnlose Kaufland Card zum Punkte sammeln. Leider kennen die Geschäftsführer (WESSIS) die bis zum Jahr 2023 Produkte anbieten nur **Kundenbindungssysteme** und bieten **keine “Motivation” für Mitarbeiter**, die an der Herstellung von Produkten arbeiten.

**Bevor die bereit sind zum Lernen – Umdenken – Mitdenken, müssen erst neue Geschäfte eröffnet werden und es jeden Tag Stammkunden geben die 10.000 Euro Taschengeld zur freien Verfügung gewonnen haben.**

Es ist doch vollkommen normal, niemand kann sich vorstellen, welcher Aufwand erforderlich ist und wie viel Personen an der Herstellung von Produkten die bei Kaufland, etc. angeboten werden, gearbeitet haben und keine 3.000 Euro im Monat verdienen.

OHNE diese Personen gebe es keine Angebote bei Kaufland. KEIN einziger Geschäftsführer von allen 1.300 Filialen oder anderen Anbietern hat das bis heute begriffen, obwohl "JEDER" genauso wie ich als Kunde gemerkt haben müsste, dass es Personen in der Politik gibt, die mehr als 5.000 Euro im Monat verdienen und seit 30 Jahren für Preis und Ausgabenerhöhungen sorgen. Deshalb habe ich als Kunde von Kaufland, die WELTNEUHEIT "Kunden helfen Kunden beim Punkte sammeln" erfunden. Den beim Bezahlen wird "JEDER – Lotto-Tipp" maximal durch 4 geteilt.

**Ein Lottospiel zur "Förderung der Wirtschaft" = WELTNEUHEIT!**

**Es gibt bis 2023 „NUR“ Lottospiele zur „Förderung von sozialen Projekten“.**

**Beispiel 6 aus 49.** Was macht ein Lottospieler, wenn er einen Tippschein abgegeben hat? Er schaut sich, falls richtige Zahlen getippt wurden, die **Lottoquoten** an. Hier sehen Sie ein Beispiel.

**Jeder kennt 6 aus 49**
**mit**
**9 Gewinnklassen**

**Lottoquoten**

Spieleinsatz: 42.030.812,00 €

| Klasse | Anzahl Richtige | Gewinne | Quoten | Gewinne / Quoten |
|---|---|---|---|---|
| 1 | 6 Richtige + SZ | 0 × | unbesetzt | 0 × / unbesetzt |
| 2 | 6 Richtige | 2 × | 1.156.911,50 € | 2 × / 1.156.911,50 € |
| 3 | 5 Richtige + SZ | 72 × | 10.946,70 € | 72 × / 10.946,70 € |
| 4 | 5 Richtige | 621 × | 3.807,50 € | 621 × / 3.807,50 € |
| 5 | 4 Richtige + SZ | 3.840 × | 205,20 € | 3.840 × / 205,20 € |
| 6 | 4 Richtige | 35.797 × | 44,00 € | 35.797 × / 44,00 € |
| 7 | 3 Richtige + SZ | 70.518 × | 22,30 € | 70.518 × / 22,30 € |
| 8 | 3 Richtige | 655.735 × | 10,80 € | 655.735 × / 10,80 € |
| 9 | 2 Richtige + SZ | 512.426 × | 5,00 € | |

Es gibt dafür 1 Mittwoch-Ziehung und 1 Samstag-Ziehung. Für die Lottoquoten (Gewinnverteilung) gibt es festgelegte 9 Klassen/Ebenen.

**Vor jeder Ziehung sind diese 9 Klassen/Ebenen pro Ziehung leer.**

Nach einer Ziehung, wenn die Lottoquoten feststehen, werden diese je nachdem, wie viel Zahlen jeder richtig hat „pyramidenartig“ verteilt. Bei jeder Ziehung gibt es andere Lottoquoten.

**WICHTIG! Bei allen Lottospielen werden die Gewinne als „TASCHENGELD zur freien Verfügung“ ausgezahlt.**

**Ein Lottospiel zur “Förderung der Wirtschaft”,**

**wo alle Punkte die gesammelt wurden und als TASCHENGELD 100%ig zur freien Verfügung ausgezahlt werden, gibt es bis 2023 noch nicht.**

**Das wäre das Herzstück zum LP sammeln und für die Verteilung!**

**Das ist meine Erfindung!**

**Das Herzstück für die Verteilung von Löwen-Punkte (LP)**

**„Spannend und Sozial“**

**1 Einzel-Aktion ab 4 Cent = 4 LP**

| Jeder Durchgang besteht aus 4 Klassen x 100 Matrix | | |
|---|---|---|
| 1. Klasse | LP-Millionär | 1 LP-Kunde |
| 2. Klasse | LP:2 | 100 : 2 |
| 3. Klasse | LP:3 | 10.000 : 3 |
| 4. Klasse | LP:4 | 1.000.000 : 4 |
| 1 Durchgang besteht aus 1.010.100 Einzel-Aktionen mit LP, danach beginnt ein neuer von vorn | | |

Ich bin kein Fachexperte, deshalb könnte auch jede andere Person auf diese einfache Erfindung für Fachexperten kommen, wenn er sich damit beschäftigt hätte.

Ich bin ein "OSSI" und seit 2000 ein Payback-Kunde von 30 Millionen Payback-Kunden, der sich ab September 2017 zufällig in seiner Freizeit damit beschäftigt hat, ob und wie man das Punkte sammeln "spannender und sozialer" machen könnte. Ich wusste logischerweise vorher selber nicht, ob und welches Ergebnis dabei rauskommt.

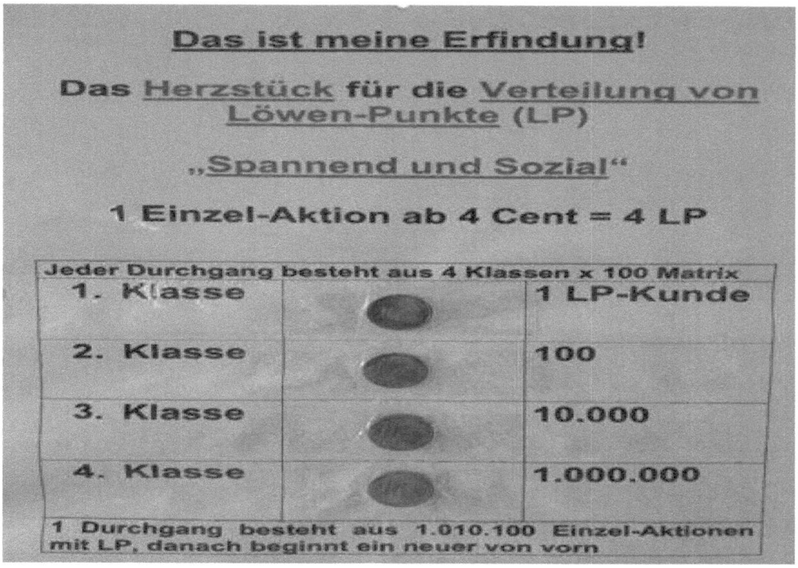

Das ist meine Erfindung!

Das Herzstück für die Verteilung von Löwen-Punkte (LP)

„Spannend und Sozial"

1 Einzel-Aktion ab 4 Cent = 4 LP

| Jeder Durchgang besteht aus 4 Klassen x 100 Matrix | | |
|---|---|---|
| 1. Klasse | | 1 LP-Kunde |
| 2. Klasse | | 100 |
| 3. Klasse | | 10.000 |
| 4. Klasse | | 1.000.000 |
| 1 Durchgang besteht aus 1.010.100 Einzel-Aktionen mit LP, danach beginnt ein neuer von vorn | | |

P.S. Es gibt in Deutschland 100%ig Programmierer die seit vielen Jahren für Direktvertriebe arbeiten und sofort wissen was damit gemeint ist. Zum Beispiel in München und Leipzig, denn ich habe 2 Firmen gefunden und 2018 angerufen und nachgefragt. **„man kann heute alles programmieren"** war die Antwort. Das Problem, die Programmierer wissen von meiner Erfindung nichts, da ich nur eine Bestätigung wollte, ob es in Deutschland solche Programmierer gibt. Für alles andere, was dafür benötigt wird, gibt es Fachexperten die dafür studiert oder es gelernt haben.

Ich habe in meiner Freizeit in Landshut von Januar 2018 bis Januar 2019 benötigt, um eine Lösung für die Verteilung von Punkten zu finden, damit es „spannend und sozial" ist. Deshalb werden als Standard mindestens 4 Punkte = 4 Cent vergeben.

Programmierer erstellen dafür eine Webseite mit einer Software für die automatische Verteilung von LP in 4 Klassen. Für die Registrierung wird eine LP-Karte benötigt. Das bedeutet, jeder Durchgang besteht aus 1.010.101 Einzelprodukten mit Preisangabe und Punkten. Ist ein Durchgang voll, dann wird automatisch der nächste gefüllt!

Alle Einzelprodukte mit Preisangabe und Punkten, werden automatisch in einer Klasse von oben nach unten, der Reihe nach von links nach rechts auf einen freien Platz gesetzt, die gekauft bzw. bezahlt und sofort auf der Webseite durch die LP-Karte registriert wurden. Haben Sie zum Beispiel 8 Produkte gekauft, dann wurden Sie 8 x registriert und 8 x wurden Ihre Punkte automatisch maximal durch 4 geteilt.

Stellen Sie sich eine leere Liste von 1 bis 1.010.100 vor, die mit Einzelaktionen der Reihe nach aufgefüllt wird, wenn die Lottotipps durch eine LP-Karte von Stammkunden registriert und bezahlt wurden und dann geschlossen wird. Danach wird eine neue Liste von 1 bis 1.010.100 gefüllt, usw. usw.

1. **Klasse: Der Stammkunde**, der automatisch in der 1. Klasse gesetzt wurde, **behält seine LP selber** und erhält in diesem Durchgang von **1.010.100 Einzelprodukten** die von Stammkunden gekauft und bezahlt wurden automatisch und **„anonym“**, Punkte! Wenn Produkte mit nur 4 Punkten verkauft wurden, dann würde er von **1.010.100 Einzelprodukten 100%ig mindestens 1 Punkt = 1 Cent erhalten = 10.000 Euro**.

**Kennen Sie das Sprichwort „Kleinvieh macht auch Mist“? Dieser Stammkunde hat 100%ig 10.000 Euro TASCHENGELD zur freien Verfügung gewonnen. Dieser Stammkunde wäre 1 Punkte – Millionär!**

**1.000.000 LP = 10.000 Euro**

2. **Klasse:** Die 100 freien Plätze werden jetzt von links nach rechts von **100 Einzelprodukten** automatisch gefüllt! Pro Einzelprodukt werden die Punkte geteilt **durch 2!** Das bedeutet, man behält pro Einzelprodukt Punkte selber und „SPENDET“ automatisch und „anonym“ Punkte an 1 Stammkunden in der 1. Klasse!

**Mit jedem Einzelprodukt das in dieser 2. Klasse registriert wurde, erhalten Sie von 10.100 Einzelprodukten Punkte. Wenn Sie zum Beispiel 8 Produkte als Stammkunde gekauft haben und diese der Reihe nach in die 2. Klasse gesetzt wurden, dann erhalten Sie 8 x für jedes Einzelprodukt von 10.100 Einzelprodukten Punkte.**

3. **Klasse:** Jetzt werden die 10.000 freien Plätze automatisch von links nach rechts mit Einzelprodukten aufgefüllt! Von d**iesen Einzelprodukten werden** die Punkte geteilt **durch 3!** Das bedeutet, man behält Punkte „selber" und „SPENDET" automatisch und „anonym" Punkte einmal an die 2. Klasse und einmal Punkte an die 1. Klasse!

**Diese 10.000 Stammkunden, erhalten pro Einzelprodukt von 100 Einzelprodukten Punkte.**

4. **Klasse:** Jetzt werden von links nach rechts automatisch die letzten freien Plätze durch 1.000.000 Einzelprodukte gefüllt. Dann ist dieser Durchgang voll und es beginnt ein neuer von vorn! **Die 1.000.000 Einzelprodukte**, die automatisch pro Aktion in der 4. Klasse gesetzt werden, **teilen Ihre LP pro Aktion durch 4! Das bedeutet, man behält pro Aktion LP „selber" und „SPENDET" automatisch pro Aktion, LP einmal an die 3. Klasse, einmal an die 2. Klasse und einmal an die 1. Klasse!**

Wer zufällig zum Beispiel 8 Produkte gekauft hat und mit 7 Produkten am Ende der 4. Klasse automatisch registriert wird, könnte mit 1 Produkt im nächsten Durchgang/Liste an 1. Stelle automatisch registriert werden und gewinnt 10.000 Euro Taschengeld zur freien Verfügung.

## Auszahlung der gesammelten Punkte pro Durchgang?

Ein Durchgang besteht aus 1.010.101 Einzelprodukten mit Punkten (Lottotipps). Sobald alle Anbieter den Punkt-Wert (1 LP = 1 Cent) für den Durchgang bezahlt haben, wird dieser ausgezahlt. P.S. Ich habe seit 2000 Payback-Punkte gesammelt und wusste deshalb, dass die Punkte nicht sofort ausgezahlt werden können, sondern erst wenn die Anbieter von Payback-Punkten den Punktwert an Payback bezahlt haben.

**Es konnte bis 6 Wochen dauern, ich hatte damit kein Problem.**

**Sobald eine Liste von 1 bis 1.010.100 Einzelprodukten = Lottotipps voll ist und der Anbieter den Punktwert innerhalb von 6 Wochen an die Dienstleistung bezahlt hat, wird das TASCHENGELD ausgezahlt.**

Wichtig:

- Bei jedem Einkauf, werden durch die LP-Karte die Punkte von jedem Einzelprodukt registriert und automatisch in einer Liste von 1 bis 1.010.100 verteilt.
- Niemand kann vorhersagen, wie viel Punkte pro Einkauf und in 12 Monaten als Taschengeld zur freien Verfügung ausgezahlt werden können. Es gibt Produkte mit Standard 4 Punkten und Produkte mit mehr als 4 Punkten.
- Das einzige was feststeht, wenn eine Liste voll ist, hat 1 Stammkunde 100%ig 10.000 Euro Taschengeld zur freien Verfügung gewonnen, wenn nur Produkte gekauft wurden mit Standard 4 Punkte = 4 Cent.
- Deshalb ist dieses Lottospiel zur „Förderung der Wirtschaft“ in 12 Monaten „spannend und sozial“, wenn Produkte mit mehr als 4 Punkten = 4 Cent verkauft wurden.
- P.S. „Dieter der coole Rentner“ würde es gern noch erleben, 12 Monate lang durch „Kunden helfen Kunden beim Punkte sammeln“ mit einer LP-Karte in solche Geschäfte Produkte kaufen zu können.

Da die Programmierer „selber“ Stammkunde sind, sollen im Kundenkonto alle wichtigen Informationen zu sehen sein.

**Zum Beispiel könnten folgende Informationen zur Verfügung stehen:**

- In welchem Durchgang wurden in welcher Ebene/Klasse meine Punkte verteilt?
- Welcher Durchgang wird gerade aufgefüllt?
- Welche Durchgänge sind in Bearbeitung?
- Welche Durchgänge wurden ausbezahlt?

**So simpel und einfach funktioniert das Lottospiel, eine WELTNEUHEIT „Beim Einkaufen Taschengeld zur freien Verfügung gewinnen“ durch „Kunden helfen Kunden beim Punkte sammeln“, OHNE mit jemanden darüber reden zu müssen. NUR durch eine einfache LP-Karte die man zur Registrierung und für die Verteilung von Punkten benötigt.**

Lesen Sie jetzt, wie diese Weltneuheit in meiner Freizeit bis zur Rente und als „unbekannter OSSI“ in Landshut (Bayern) entstanden ist.

**So entstand „Kunden helfen Kunden beim Punkte sammeln“**

Ich gehörte nach der „Deutschen Einheit“ zu den Personen die keine 3.000 Euro im Monat verdient haben, deshalb habe ich die Prospekte benutzt, die jede Woche an Haushalte verteilt werden. Beispiele:

Das bedeutet, nach 12 Monaten hatte ich zwar eingespart, aber man merkt nicht, dass man mehr TASCHENGELD zur freien Verfügung hat. Deshalb habe ich 2000 in Landshut angefangen Payback-Punkte zu sammeln, weil ich hatte gefunden, wie man die Punkte auszahlen lassen kann. Ich wollte wissen, was kommt in 12 Monaten raus.

Wenn ich „ganz allein“ 12 Monate Payback-Punkte gesammelt habe, dann sah mein „persönliches Ergebnis“ so aus, Beispiel von 2016 – 2018:

**36 Monate = 190, -- Euro Auszahlung!**

2016 = 6000 Payback-Punkte = 60, -- Euro Auszahlung
2017 = 8000 Payback-Punkte = 80, -- Euro Auszahlung
2018 = 5000 Payback-Punkte = 50, -- Euro Auszahlung

**Durch die Auszahlung hatte ich “TASCHENGELD zur freien Verfügung”.**

P.S. „Langweilig" und es fehlte eine „Motivation", wenn man „ganz allein Punkte" sammelt! Natürlich haben von den 30 Millionen „Payback-Karten-Benutzer" einige aus verschiedenen Gründen viel mehr oder weniger Punkte in dieser Zeit gesammelt. Es gibt natürlich Payback-Kunden die mehr Personen im Haushalt sind oder in der Nähe mehr Anbieter haben. Ich wohnte in Landshut allein.

**Ich konnte bis heute keine Probleme bei Payback mit Punkte sammeln feststellen und ich hatte durch die Auszahlung TASCHENGELD zur freien Verfügung.**

Im Jahr 2017, habe ich zufällig einige TV-Sendungen gesehen, wie Personen an neuen Erfindungen gearbeitet haben. Deshalb kam ich Im September 2017 auf die **„blöde Idee"** mich in meiner Freizeit damit zu beschäftigen, **ob und wie man das Punkte sammeln „spannender und sozialer" machen könnte.** Es entstand eine schöne interessante Freizeitbeschäftigung.

Damit kann ich als Rentner (70) solange es geht Lernen-Umdenken-Mitdenken, denn dieses 2. Buch wird genauso wie das 1 Buch nur in 6.000 Online-Buchhandlungen angemeldet. Mal sehen, welche Marketing-Aktionen ich mit meiner "geringen Rente" ausprobieren kann, damit viele Personen davon erfahren. Vielleicht gibt es Personen, die von der Politik die "Schnauze voll" haben und mithelfen wollen, die **"Spreu vom Weizen"** zu trennen. Es gibt Millionen Personen die keine 3.000 Euro im Monat verdienen. Politiker werden für diese Personen **niemals** eine WELTNEUHEIT erfinden.

Da ich 1 Payback-Kunde von 30 Millionen Payback-Kunden bin, kam mir als 1. folgende Idee:

Als 1. habe ich mir die Daten & Fakten von Payback angeschaut, das kann jeder genauso wie ich bei „Google“ machen.

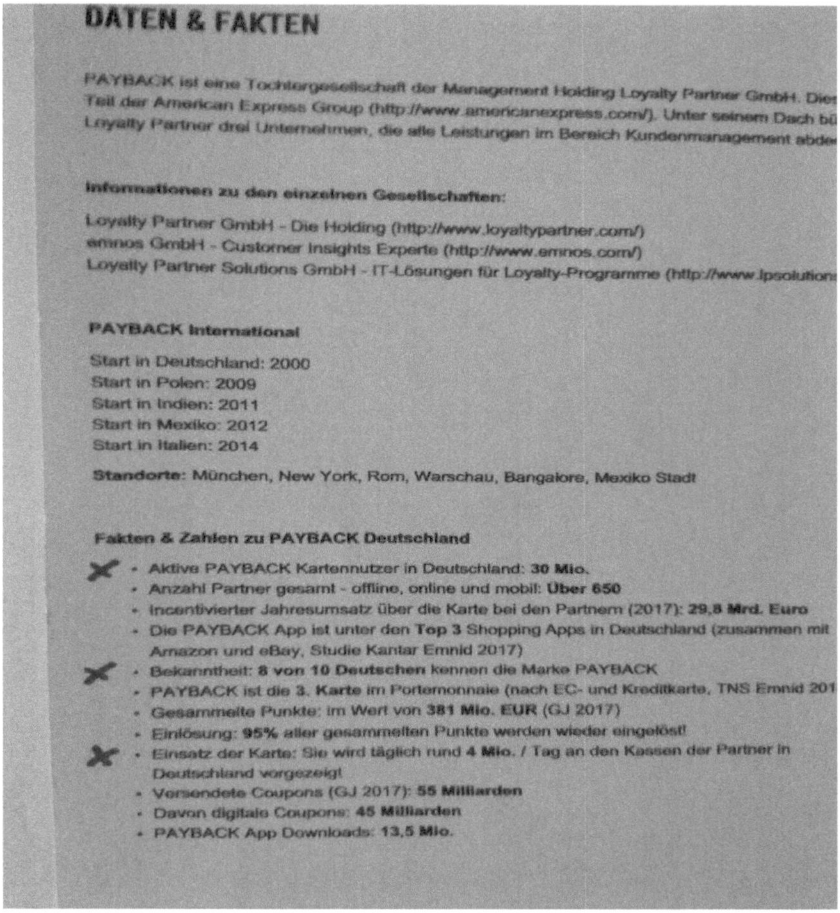

DATEN & FAKTEN

PAYBACK ist eine Tochtergesellschaft der Management Holding Loyalty Partner GmbH. Die
Teil der American Express Group (http://www.americanexpress.com/). Unter seinem Dach bi
Loyalty Partner drei Unternehmen, die alle Leistungen im Bereich Kundenmanagement abde

**Informationen zu den einzelnen Gesellschaften:**

Loyalty Partner GmbH - Die Holding (http://www.loyaltypartner.com/)
emnos GmbH - Customer Insights Experte (http://www.emnos.com/)
Loyalty Partner Solutions GmbH - IT-Lösungen für Loyalty-Programme (http://www.lpsolution

**PAYBACK International**

Start in Deutschland: 2000
Start in Polen: 2009
Start in Indien: 2011
Start in Mexiko: 2012
Start in Italien: 2014

**Standorte:** München, New York, Rom, Warschau, Bangalore, Mexiko Stadt

**Fakten & Zahlen zu PAYBACK Deutschland**

- Aktive PAYBACK Kartennutzer in Deutschland: **30 Mio.**
- Anzahl Partner gesamt - offline, online und mobil: **Über 650**
- Incentivierter Jahresumsatz über die Karte bei den Partnern (2017): **29,8 Mrd. Euro**
- Die PAYBACK App ist unter den **Top 3** Shopping Apps in Deutschland (zusammen mit Amazon und eBay, Studie Kantar Emnid 2017)
- Bekanntheit: **8 von 10 Deutschen** kennen die Marke PAYBACK
- PAYBACK ist die **3. Karte** im Portemonnaie (nach EC- und Kreditkarte, TNS Emnid 201
- Gesammelte Punkte: im Wert von **381 Mio. EUR** (GJ 2017)
- Einlösung: **95%** aller gesammelten Punkte werden wieder eingelöst!
- Einsatz der Karte: Sie wird täglich rund **4 Mio.** / Tag an den Kassen der Partner in Deutschland vorgezeigt
- Versendete Coupons (GJ 2017): **55 Milliarden**
- Davon digitale Coupons: **45 Milliarden**
- PAYBACK App Downloads: **13,5 Mio.**

Für mich war folgendes wichtig und Interessant:

- **30 Millionen aktive Payback Kartenbenutzer 2018 in Deutschland**
- **<u>4 Millionen haben pro Tag</u> eine einfache Punktekarte benutzt.**

Da Payback nur eine Dienstleistung für die Verteilung der Punkte ist, konnte ich auch sehen, welche Fachexperten (Unternehmen) alles organisieren.

Mein Problem war, ich habe die meisten Punkte durch ein Payback-Umfrage-Panel bekommen (80, 150, 200, oder 300 Punkte) und nicht durch Einkäufe. Deshalb hat mir eine Bekannte 2017 folgenden Ausdruck zur Verfügung gestellt.

| Nr. | Datum | Partner | Aktion | Pkt. |
|---|---|---|---|---|
| 1 | 15.10.17 | Aral | sammeln | **8** |
| 2 | **20.10.17** | REWE | sammeln | **30** |
| 3 | **20.10.17** | REWE | sammeln | **36** |
| 4 | **20.10.17** | REWE | sammeln | **15** |
| 5 | 28.10.17 | REWE | sammeln | **4** |
| 6 | **04.11.17** | REWE | sammeln | **18** |
| 7 | **04.11.17** | REWE | sammeln | **70** |
| 8 | **04.11.17** | REWE | sammeln | **35** |
| 9 | 08.11.17 | PAYBACK Visa | sammeln | **90** |
| 10 | **11.11.17** | real | sammeln | **116** |
| 11 | **11.11.17** | real | sammeln | **99** |
| 12 | **11.11.17** | real | sammeln | **9** |
| 13 | **11.11.17** | real | sammeln | **29** |
| 14 | 15.11.17 | REWE | sammeln | **8** |
| 15 | **05.12.17** | real | sammeln | **84** |
| 16 | **05.12.17** | real | sammeln | **63** |
| 17 | **05.12.17** | real | sammeln | **36** |
| 18 | **05.12.17** | real | sammeln | **21** |

Hier kann man sehen, wie viel Punkte es gab für Umsatz oder Sonder-Einzel-Aktionen und wie diese der Reihe (Liste) nach registriert wurden! Die 30 Millionen Payback Kartennutzer kennen solche Sonderangebote.

Beispiele:

Am 20.10.17 wurden beim Einkauf 1 Umsatz und 2 Sonderangebote genutzt.
**Am 28.10.17 wurde beim Einkauf 1 Umsatz OHNE Sonderangebote genutzt.**
Am 04.11.17 wurden beim Einkauf 1 Umsatz und 2 Sonderangebote genutzt.
Am 08.11.17 wurde beim Einkauf 1 Umsatz genutzt.
Am 11.11.17 wurden beim Einkauf 1 Umsatz und 3 Sonderangebote genutzt.
Am 15.11.17 wurde beim Einkauf 1 Umsatz genutzt.
Am 05.12.17 wurden beim Einkauf 1 Umsatz und 3 Sonderangebote genutzt.

**P.S. Für mich war der 28.10.17 mit "NUR" 4 Punkten wichtig und interessant. Begründung: Pro Tag gab es 4 Millionen Payback Kartenbenutzer.**

Deshalb wollte ich versuchen eine Lösung zu finden, ob und wie es möglich ist, dass es **pro Tag 1 Payback Kartenbenutzer** geben könnte der 10.000 Euro Taschengeld zur freien Verfügung gewonnen hat.

**Logisch, wenn es jeden Tag "NUR" 1 Punkte-Millionär = 10.000 Euro geben würde, dann wäre das eine WELTNEUHEIT und TV – Sender hätten schon längst darüber berichtet.**

**WAHNSINN** von **Januar 2018 bis Januar 2019** habe ich in Landshut ganz allein nach einer Lösung gesucht und eine WELTNEUHEIT "Kunden helfen Kunden beim Punkte sammeln" erfunden, wo **es jeden Tag bis 1.000 Stammkunden** geben könnte, die **10.000 Euro TASCHENGELD zur freien Verfügung** gewinnen könnten.

## Ein Lottospiel zur "Förderung der Wirtschaft = WELTNEUHEIT".

Damit jeder dieses einfache Lottospiel versteht, habe ich dafür einen einfachen Namen "Kunden helfen Kunden beim Punkte sammeln" erfunden. Wer dieses 2. Buch gelesen hat und nicht verstanden hat, was damit gemeint ist, der sollte "NIEMALS" eine LP-Karte benutzen.

Mein Vorteil war, durch meine Ausbildung im Vertriebs-Marketing hatte ich mir noch einige Fachbücher gekauft, die International angeboten wurden. Mein Problem war, ich kannte viele Unternehmen, die es über 30 Jahre gab und im Direktvertrieb in die Tiefe verteilen bis zu 15 Stufen/Ebenen. In einem Buche, fand ich einen Hinweis; Für die Verteilung ist es manchmal besser in die Breite zu gehen als in die Tiefe. Dadurch entstanden nach 1 Jahr, die 4 Klassen mit einer 100 Matrix (Fachexperten wissen was damit gemeint ist).

Damit hatte ich den Grundstein für die Verteilung von mindestens 4 Punkten = 4 Cent gelegt bzw. gefunden, **damit es bei 1.010.101 verkauften Einzelprodukten mit Punkten 100%ig** 1 Person (Stammkunde) gibt der 10.000 Euro TASCHENGELD zur freien Verfügung gewonnen hat.

Von **Januar 2019 bis Juni 2019** habe ich an den **Voraussetzungen** für eine neue Dienstleistung zum Punkte sammeln gearbeitet. Dabei hatte ich als "OSSI" ebenfalls einen Vorteil, denn ich konnte meine persönlichen Erfahrungen aus der DDR (Sozialismus) und 30 Jahre in Bayern (Kapitalismus) nutzen.

Wer in der Schule Geschichte gehabt hat und selber 2 politische Systeme kennengelernt hat, der kann behaupten, alle politischen Systeme und Parteien, die bis heute erfunden wurden, haben der Wirtschaft geschädigt, weil die "WÄHLER" nach den Wahlen "verarscht" wurden. Ansonsten gebe es keine Kriege und Flüchtlinge auf der Welt, sondern in vielen Ländern "Recht, Sicherheit und Ordnung", damit niemand Angst, um die Zukunft haben muss.

Deshalb benötigen viele Länder, wo es Flüchlinge und keinen Krieg gibt neue "Alternativen", um die **"Spreu vom Weizen"** zu trennen, damit erst einmal die Wirtschaft funktioniert, **OHNE Personen** die für Parteien tätig sind, die bis heute die Länder regieren.

Deshalb könnte ein "WESSI" kaum auf so eine einfache Dienstleistung zum Punkte sammeln kommen, sondern "NUR" auf **„Kundenbindungssysteme"**, die Personen die an der Herstellung von Produkten arbeiten bis heute kaum einen Nutzen bringen. Da mein Hobby "Medien und Wirtschaftspolitik" ist und ich deshalb TV als Bildungsfernsehen zum Lernen – Umdenken – Mitdenken benutze, war im **Juni 2019 die Geschäftsidee "Kunden helfen Kunden beim Punkte sammeln" fertig**.

Ich wusste im Kapitalismus gibt es viele Betrüger, die versuchen das schnelle große Geld zu machen. Ich hatte an einige Personen (WESSIS) Informationen und sogar Videos über meine Erfindung geschickt.

Durch die "Google-Suche" fand ich den Hinweis, man kann eine Erfindung für eine neue Dienstleistung schützen durch ein Video, das man veröffentlicht, zum Beispiel bei "YouTube".

Im **Juli 2019** habe ich deshalb einen "YouTube-Kanal" mit dem Namen "Dieter der coole Rentner" eingerichtet und **einige Videos aus Sicherheitsgründen veröffentlicht.** Ich war im Juli 2019 als Rentner 66 Jahre alt geworden.

Ich wollte natürlich kein "YouTube – Star" werden, weil ich mich nie damit beschäftigt habe. Ich hatte 3 Tage benötigt bis ich 1 Video erstellt hatte. Es kann sich niemand vorstellen, das ich jedesmal 3 Stunden sinnlos vorm Fernseher gesessen habe und keinen Ton gesagt habe. Deshalb wollte ich damals schon aufgeben.

Durch die “Google-Suche” fand ich heraus, dass es neue Möglichkeiten für Autoren gibt. Zum Beispiel, das “Selfpublishing-Portal: Bookmundo”. Ich wollte eigentlich “NIE” wieder ein Buch schreiben, denn ich hatte 2005 ein Buch geschrieben und an einen Verlag der das Vermarkten wollte 3.500 Euro bezahlt. Nach 3 Monaten bekam ich von einem Rechtsanwalt einen Brief mit der Mitteilung, dass dieser Verlag “Insolvenz” angemeldet hat. Meine 3.500 Euro waren weg und das Buch wurde nie veröffentlicht. Man kann aber immer noch paar Seiten als E-Book finden, wenn man bei Google “Dieter Symmank” eingibt.

Aber die Entwicklung geht immer weiter, deshalb gibt es jetzt neue Möglichkeiten, um ein Buch kostengünstig zu veröffenlichen. Für das 1. Buch “Kunden helfen Kunden beim Punkte sammeln” habe ich nur die ISBN – Nummer bezahlt. Vom Anbieter gab es Vorlagen und danach haben die es in 6.000 Online-Buchhandlungen angemeldet. Die Anbieter verdienen nur wenn ein Buch verkauft wird. Der Nachteil, man muss selber dafür sorgen, dass das Buch bekannt wird. Das bedeutet, als unbekannter Autor und OHNE finanzielle Mittel (P.S. ich habe nur meine Rente), um dafür Werbung machen zu können, hat man logischerweise einen großen Nachteil. Da ich Rentner bin, mache ich das als Hobby, damit ich noch ein bischen Lernen-Umdenken-Mitdenken kann.

Neben dem PC-Spiel “Forge of Empire” ist das für mich eine schöne Freizeitbeschäftigung und keine Zeitverschwendung, solange ich noch kann, als sinnlos auf meinen Tod zu warten oder mit Personen über Probleme zu reden. Ich wusste natürlich, dass die Videos auf **“YouTube”** keinen nutzen bringen werden, weil ich mich nie mit den sozialen Netzwerken beschäftigt habe. Deshalb kam mir die Idee noch eimal zu versuchen ein Buch für die **“jüngere Generation” zu schreiben, falls ich irgendwann sterben sollte.**

Von **Januar 2020 bis zum 15.03.2020 habe ich das 1. Buch “Kunden helfen Kunden beim Punkte sammeln”** geschrieben, als Autor “Dieter der coole Rentner”. **Dieses Buch war eine Gebrauchsanleitung für alle, die bis 2023 bereits als Geschäftsführer Produkte anbieten.**

Ich konnte damals nicht wissen, das es 2 Jahre eine Corona-Krise gibt und einen Ukraine-Krieg. Wegen der Kontakteinschränkungen habe ich verschiedene Marketing-Aktionen getestet. Das Ergebnis, genauso wie ich es geahnt habe = 0!

Eine Schande für Deutschland und Neustadt in Sachsen!

**Seit 15.03.2020** gibt es für alle Anbieter von Produkten, meine **WELTNEUHEIT "Kunden helfen Kunden beim Punkte sammeln"** in 6.000 Online-Buchhandlungen. Das bedeutet, als ich dieses Buch geschrieben habe, gab es noch keine Corona-Krise und einen Ukraine-Krieg. Aber es begannen die Probleme mit den Kontakteinschränkungen. Deshalb habe ich 2021 alle Parteien im Bundestag, 11 TV-Sender, etc., per Post darüber informiert.

Wenn Sie bis heute 2023 noch nichts gehört oder gelesen haben, dann wollten diese Personen nicht das andere Personen davon erfahren oder es jeden Tag über 1.000 Stammkunden gibt, die 10.000 Euro Taschengeld zur freien Verfügung gewinnen könnten. Für mich der Beweis, was Personen in Deutschland unter Demokratie und Pressefreiheit verstehen. Das Ergebnis: 30 Jahre haben wir ein **"Armes Deutschland – Reiches Deutschland".**

So sieht das Cover vom 1. Buch mit 158 Seiten aus.

Das ist leider die WAHRHEIT! Seit 2018 gibt es in Deutschland Personen die nicht wollen, **dass es jeden Tag bis 1000 Stammkunden oder mehr geben könnte**, die beim Einkaufen 10.000 Euro TASCHENGELD zur freien Verfügung gewinnen könnten, damit es für unsere Kinder und Enkelkinder eine bessere Zukunft gibt.

Wie Ihr auf dem Cover sehen könnt, habe ich **Hut und Sonnenbrille** auf und **Prospekte in der Hand. <u>Das hat folgende Bedeutung</u>**:

Ich habe in Landshut von September 2017 bis Juni 2019, ganz allein an dieser WELTNEUHEIT "Kunden helfen Kunden beim Punkte sammeln" gearbeitet. Kein "WESSI" wollte mir dabei helfen, **meine Wut darüber, verberge ich mit Hut und Sonnenbrille.**

Die Prospekte in der Hand bedeuten, das wären **"<u>symbolisch</u>"** die **"<u>Lottoscheine für alle Stammkunden</u>"** die sich in Zukunft gegenseitig durch Punkte sammeln helfen wollen. JEDES Einzelprodukt mit Preis und Punkten in diesen Prospekten wäre "symbolisch" 1 Lotto-Tipp zur Auswahl und die Chance 10.000 Euro Taschengeld zur freien Verfügung zu gewinnen.

Ganz einfach - ODER?

Jetzt haben wir Juli 2023 und ich versuche dieses "2. Buch" zu schreiben.

Der Grund dafür, **ich lebe noch und bin am 28.07.2023 bereits 70 Jahre alt** geworden. In den 2 Jahren Corona-Krise konnte ich genauso wie andere Personen verfolgen, wie Personen in der Politik und im TV aus "Dummheit" für viele leere Geschäfte gesorgt haben, weil Sie festgelegt haben, welche Geschäfte mehr als 6 Monate schließen mussten.

**Das bedeutet, Ausgaben und keine Einnahmen!**

Stellen Sie sich "symbolisch" einmal vor, Sie würden 6 Monate keinen Lohn/Gehalt/Rente bekommen und hätten trotzdem Ausgaben (Miete, etc.)?

Damit gab es logischerweise Gewinner und Verlierer. P.S. Ich war selber bei den Gewinnern der Corona-Krise (Kaufland, Lidl, Aldi, etc.) **OHNE Probleme** einkaufen gewesen nur mit einer **"blauen Maske"** und Abstand an der Kasse von 1,50 m.

Deshalb habe ich bis heute nicht verstanden, **warum so viele andere Geschäfte (Verlierer) mit geringerer Besucherzahl schließen mussten.**

Das Schicksal wollte es, das 2020 bis 2022 eine Corona-Krise war und durch den Ukraine-Krieg die Preise und Ausgaben gestiegen sind und in den 2 Jahren viele Geschäfte in die Pleite getrieben wurden.

Dadurch besteht die Möglichkeit für meine Erfindung "Kunden helfen Kunden beim Punkte sammeln", **den Grundstein zu legen** durch die **"NEUERÖFFNUNG"** von Geschäften, solange es Personen gibt die keine 3.000 Euro im Monat verdienen.

Auf diesen Einfall bin ich im Herbst 2022 gekommen. Mein Wunsch wäre gewesen, das jemand in Neustadt/Sachsen 1 TV-Studio als Zentrale dafür eröffnet.

Dadurch wäre "Neustadt in Sachsen" bekannt geworden. **Alle Marketing-Aktionen waren nur Zeit und Geldverschwendung.**

Eine Schande für Deutschland und Neustadt in Sachsen.

Deshalb werde ich auch versuchen, ob und welche Möglichkeiten ich nutzen kann, damit meine Erfindung "Kunden helfen Kunden beim Punkte sammeln" durch dieses 2. Buch auch andere Länder erfahren, wie einfach es ist, viele Probleme zu reduzieren. Sobald in einem Land eine neue Dienstleistung zum Punkte sammeln, genauso umgesetzt und angeboten wird, dann könnte es eine bessere Zukunft geben.

ALLEIN, wenn es jeden Tag "NUR" 1 Stammkunden durch dieses neue Lottospiel zur "Förderung der Wirtschaft" geben würde, wäre diese WELTNEUHEIT ein Erfolg und könnte nicht mehr so, wie in Deutschland "GEHEIM" gehalten werden.

Unvorstellbar, ich **Dieter Symmank (70) aus Neustadt in Sachsen bin bis Juli 2023** die einzige Person seit 2018, die sich durch **"Kunden helfen Kunden beim Punkte sammeln"** für unsere Kinder und Enkelkinder eine bessere Zukunft wünscht. In Deutschland muss man "Reich, Promi, Beziehungen haben, sich mit sozialen Netzwerken auskennen, etc.", aber kein "unbekannter OSSI" sein, der als „Rentner“ keine „finanzielle Voraussetzungen“ hat, um eine WELTNEUHEIT bekannt zu machen.

Ich fange wieder von Null an. Nach 30 Jahren in Bayern bin ich jetzt in Neustadt als Rentner ein "unbekannter Fremder", obwohl mein Name **"Dieter Symmank"** sogar in der **"Neustadt-Chronik"** für immer verewigt ist. Ich muss natürlich wieder ganz allein, dieses 2. Buch schreiben und mit meiner Rente bekannt machen. Für mich als Rentner eine schöne Beschäftigung, solange ich noch kann.

Wenn ich es nicht schaffe, dann war mein Leben umsonst gewesen.

Für mich ist folgendes logisch:

- **Ein UNTERNEHMER, ist die wichtigste Person in einem Land für die Wirtschaft und für die vielen Arbeitsplätze und Steuereinnahmen! Aber, er könnte niemals Gewinne erzielen, Geld verdienen, (manche verdienen sogar Millionen) <u>OHNE</u> Mitarbeiter und Kunden!**
- **Ein MITARBEITER, könnte niemals Lohn/Gehalt bekommen, <u>OHNE</u> Unternehmer für den er arbeitet und OHNE Kunden die Produkte kaufen oder Dienstleistungen nutzen!**
- **Ein KUNDE benötigt Taschengeld zur freien Verfügung, könnte <u>KEINE</u> Produkte kaufen oder Dienstleistungen nutzen, OHNE Unternehmer und Mitarbeiter, die dafür jeden Tag arbeiten gehen!**

Nur wenn diese Personen in einem Land bereit sind, gemeinsam neue Alternativen in Zukunft, die die Marktwirtschaft bietet, „richtig und seriös" zu nutzen, könnten Millionen Personen im Land, jeden Tag von Montag bis Samstag, jedes Jahr 12 Monate lang, selber mithelfen Ihre Arbeitsplätze zu sichern und bei der Reduzierung von Problemen helfen, wenn Sie es wollen! Jeder der die Geschichte verfolgt hat, müsste eigentlich verstanden haben, dass alle „Systeme" (Kommunismus, Sozialismus, Kapitalismus) durch Macht- und Geldgierige Personen (Politiker, Unternehmer) bis heute soziale und wirtschaftliche Probleme verursacht haben.

**<u>Die Wirtschaft ist das HERZ eines Staates</u>!**

Das bedeutet, es gibt Millionen Personen die verdienen im Monat keine 3.000 Euro und es gibt Personen, die im Monat mehr als 5.000 Euro verdienen. ALLE müssen zum Leben in 12 Monaten Produkte einkaufen. JEDER benötigt für Produkte und Dienstleistungen „TASCHENGELD zur freien Verfügung".

## Was verstehe ich unter TASCHENGELD?

**Taschengeld** ist das einzige Geld, **wo Millionen Personen ganz allein** die Entscheidung treffen können, ob, wann und für welche Produkte (zum Beispiel: Auto, Möbel, Fernseher, Lebensmittel, usw.) und Dienstleistungen (Kino, Sport und Freizeitmöglichkeiten, Urlaub, Geldanlagen, usw.) das Taschengeld ausgegeben wird. Leider sorgen einige Politiker dafür das es immer weniger wird.

### Was passiert, wenn ich einen ganzen Monat geschuftet habe?

Wenn ich einen ganzen Monat auf Arbeit geschuftet habe, bekomme ich einen **Bruttoverdienst.** Diesen bekomme ich aber nicht ausgezahlt, denn jetzt beginnt die Verteilung des Geldes! **Davon wird zum Beispiel abgezogen:**

- **Lohnsteuer**
- **Krankenversicherung**
- **Rentenversicherung**
- **Arbeitslosenversicherung**
- **Pflegeversicherung**
- **Kirchensteuer**

Davon werden Dienstleistungen bezahlt, die nichts mit der Absicherung von Arbeitsplätzen zur Herstellung und Vertrieb von Produkten zu tun haben, **die wir aber benötigen und deshalb wichtig sind!**

### Der Rest der übrig bleibt, heißt Nettoeinkommen!

Von diesem Geld wollen auch noch andere Personen verdienen. Deshalb beginne ich wieder mit der Verteilung des Geldes. **Ich bezahle vom Nettoeinkommen zum Beispiel:**

- **Miete**
- **Stadtwerke**
- **Versicherungen**
- **Autowerkstatt, Tanken**
- **Steuern, etc.**

Auch hier werden Dienstleistungen bezahlt, die nichts mit der Absicherung von Arbeitsplätzen zur Herstellung und Vertrieb von Produkten zu tun haben, **die aber ebenfalls benötigt werden und wichtig sind!**

**Den Rest, der dann noch übrig bleibt bezeichne ich als Taschengeld!!!**

Deshalb habe ich eine schöne „spannende und soziale Lösung" für eine bessere Zukunft erfunden.

# „Beim Einkaufen TASCHENGELD zur freien Verfügung gewinnen".

# Taschengeld bezeichnet man auch als die Kaufkraft des Kunden!

**Merke:** Dieses Taschengeld entscheidet über Arbeitsplätze von der Herstellung bis zum Vertrieb von Produkten, Kinderarmut, und den vielen Dienstleistungen, etc., die wir damit nutzen könnten!

## Ganz simpel, einfach und logisch für jeden der eine Schule besucht hat:

- **Je höher das Taschengeld, desto höher ist logischerweise auch die Kaufkraft!**
- **Je höher die Kaufkraft, desto höher sind für den Staat, die Steuereinnahmen (MwSt., Gewerbesteuer, etc.) und desto besser kann jeder das Leben genießen!**

Die Medien berichten ständig, dass sich Millionen Personen die arbeiten gehen kaum etwas leisten können, weil eben wenig Taschengeld zur freien Verfügung steht. Das Hauptproblem, einige Politiker dürfen seit 70 Jahren sinnlos, jedes Jahr Milliarden Steuergelder verschwenden, OHNE dafür bestraft zu werden. Beweis: Die Schuldenuhr von Deutschland!

Ich kann mir jetzt vorstellen, dass viele die das jetzt gelesen haben sagen werden, das ist doch logisch und weiß doch jeder oder so ähnlich. Oder man kann so wieso nichts dagegen machen oder ändern! Das ist leider das Problem, denn wenn jemand eine Alternative oder einen Vorschlag hat, dann wird darüber nur sinnlos diskutiert und nach Gründen und Ausreden gesucht.

Diese Erfahrung habe ich selber mit einigen Personen gemacht, die ich getestet habe. Meine „persönliche Meinung“: Viele Probleme werden durch Personen verursacht, deshalb muss geklärt werden, warum und durch welche Personen wird ein Problem verursacht und wie könnte dieses Problem reduziert oder beseitigt werden.

Wenn seit 70 Jahren einige Politiker sinnlos unsere Steuergelder verschwenden dürfen, OHNE dafür bestraft zu werden und ein TV-Sender sich seit 2013 noch lustig darüber machen darf, kann man sehen, warum sich auch in den nächsten 30 Jahren nichts ändern wird. Die Politiker können über diese „DUMMHEIT“ in Deutschland seit 70 Jahren lachen, wenn die Steuerzahler jetzt sogar ausgelacht und abgezockt werden, weil Politiker „NARRENFREIHEIT“ haben.

Mit diesem 2. Buch sollen Personen erfahren, dass es Alternativen für Millionen Personen in Zukunft in einem Land geben könnte! Niemand kann mehr sagen, es wäre nicht möglich. Sie können selber die Medien beobachten, ob und welche Personen im Land, darüber nur sinnlos diskutieren werden und nach Gründen und Ausreden suchen, wenn Sie davon erfahren.

Nicht jeder will eine “freie soziale Marktwirtschaft” oder dass es jeden Tag bis 1.000 oder mehr „berufstätige“ gibt, die 10.000 Euro Taschengeld gewinnen könnten, um Probleme zu reduzieren. Deshalb wollte auch keiner seit 2018 dabei helfen oder darüber berichten.

JEDER „OSSI“ konnte im TV und in den sozialen Medien seit der Gründung der AfD verfolgen, wie und welche Personen vom Bundesverfassungsschutz dafür sorgen wollen, das nur Personen von alten Parteien an der Macht bleiben. Von Anfang an werden OHNE Begründung die Wähler der AfD als „rechtsradikal und Nazis“ eingestuft und Mitglieder „beobachtet bzw. bespitzelt“.

P.S. An alle „WESSIS“, es gibt Millionen „OSSIS“ die wollen keine „STASI“ mehr, die gegen das Grundgesetz und „freie Wahlen“ verstößt. Man muss sich einmal vorstellen, wie „DOOF“ einige Personen sind, denn immer vor den Wahlen wird im TV aufgerufen, alle sollen zur Wahl gehen und nach den Wahlen, werden die Wähler verarscht.

Das war 40 Jahre in der DDR so und 30 Jahre nach der „Deutschen Einheit". Der Vorteil für die „OSSIS" besteht darin, man kann im TV und in den sozialen Netzwerken verfolgen, wie durch die „DUMMHEIT" von Personen, die für den Bundesverfassungsschutz arbeiten, der AfD geholfen wird. Begründung: Alle Politiker von alten Parteien dürfen mit der AfD nicht zusammenarbeiten und müssen alle Vorschläge grundsätzlich ablehnen, weil die Wähler der AfD angeblich als „rechtsradikal und Nazis", OHNE Begründung vom Bundesverfassungsschutz eingestuft werden.

Dadurch haben diese Politiker natürlich keine Zeit, sich um die Probleme in Deutschland zu kümmern, sondern sind nur damit beschäftigt, wie Sie gegen die AfD, Hetze betreiben können.

Logisch, die „WESSIS" wissen nicht, wie die Stasi in der DDR gearbeitet hat. Die Wahrheit ist, Millionen Wähler der AfD sind keine „Protestwähler", wie „Klugscheißer" die Wähler nennen, sondern die Wähler haben die „Schnauze voll", wie Deutschland seit 30 Jahren vernichtet wird. Jeder normale Bürger der keine Straftaten begeht und diesen „Sozialstaat" nicht ausnutzt, muss keine Angst vor der AfD haben.

Dagegen Personen, die gegen das Grundgesetz verstoßen und seit vielen Jahren diese Probleme **Arbeitslosigkeit, Kinderarmut, Flüchtlinge, Hass, Gewalt Streiks, sinnlose Diskussionen, Krieg, etc., über die jeden Tag berichtet wird verursachen, haben Angst, dass Sie Ihren Job verlieren.**

Ich „Dieter Symmank" habe „NIE" einer religiösen oder politischen Vereinigung angehört. Ich bin weder ein „rechts- oder linksradikaler oder ein Nazi", aber ich werde 100%ig bei der nächsten Bundestagswahl die „AfD" wählen und dieser Partei eine Chance geben.

Erst, wenn durch die Wirtschaft mindestens 20 Millionen Stammkunden innerhalb von 4 Jahren aufgebaut werden, könnten Personen darunter sein, die auch Ahnung haben, ein Land regieren zu können. Was allein seit 2022 bis heute in Deutschland seit der Corona-Krise und Ukraine-Krieg passiert ist, zeigt wie „unfähige Personen" Deutschland und die Wirtschaft zerstören.

Für mich der Beweis: Es gibt in Deutschland keine „Demokratie" und eine „Pressefreiheit". Nach 30 Jahren „Deutsche Einheit" müssen wieder Millionen Personen Demonstrieren „Wir sind das Volk", weil diese schon wieder verarscht wurden.

Nur weil es Personen gibt, die für eine „Verbrecher-Wirtschaft“ sorgen. Ich persönlich teile die Millionen Personen durch meine 70 Jahre negativen und positiven Erfahrungen im Land in 3 Gruppen ein: A, B, C.

1. **Die Gruppe A, sind die guten Personen im Land, die berufstätig oder Rentner sind und keine Straftaten begehen.**
2. **Die Gruppe B, sind die bösen Personen im Land, die anderen Schaden zufügen oder Straftaten begehen.**
3. **Die Gruppe C, sind die Personen im Land die niemanden Schaden zufügen, aber auch niemanden helfen wollen, egal aus welchen Gründen.**

Zu welcher Gruppe gehören SIE, A, B, C oder wollen in Zukunft gehören?

**Wer gehört zur Gruppe A?**

Es gibt Millionen Personen im Land die anderen helfen, egal ob im Beruf, Freizeit, als Politiker, Fachexperten, Unternehmer, Mitarbeiter, Kunden, TV-Sendungen, usw.! Diese Personen könnten für meine Erfindung „Kunden helfen Kunden beim Punkte sammeln“ geeignet sein. Es gibt viele Personen die mit „Herz und Seele“ in Ihrem Job arbeiten egal wo, aber leider richten dann einige Personen, die an der Spitze stehen aus Macht- oder Geldgier Schaden an.

Deshalb ist es sehr wichtig, **NIEMALS** alle Personen in einen Topf werfen! Für Personen der Gruppe A, habe ich dieses Buch für eine bessere Zukunft geschrieben.

**Wer gehört zur Gruppe B?**

Ganz einfach, dazu gehören alle Personen die anderen Personen, egal aus welchen Gründen Schaden zufügen, ob im eigenen Land oder in anderen Ländern, über die jeden Tag im TV und anderen Medien berichtet wird! Es vergeht kein Tag, wo nicht über Macht- und Geldgier, Mobbing, Hass und Hetze, Krieg, Straftaten wegen Geld, sogar an Kinder begangen werden, etc.!

Jeder könnte sich ändern, wenn er will. Ich habe nach der Wende bis 2005 Zeitungsartikel gesammelt, warum und wie welche Personen soziale und wirtschaftliche Probleme verursachen. Ich hatte 3 Ordner voll, die habe ich aber 2016 alle entsorgt.

Wenn ich von 2005 bis 2020 das gleiche gemacht hätte, dann wären wieder 3 Ordner voll, weil sich kaum etwas geändert hat, wenn ich heute im TV die Medien verfolge.

Da die Herausgeber von Zeitschriften bis heute nicht begriffen haben, wie man Millionen Personen durch eine Zeitschrift helfen könnte, kaufe ich mir schon seit vielen Jahren keine mehr. Die wichtigste Person für eine Zeitung, ist der Kunde der diese kauft. Millionen Leser arbeiten in verschiedenen Berufen, haben verschiedene Erfahrungen gemacht, aber sind für die Herausgeber nur zahlende Kunden mehr nicht. Anstatt gemeinsam mit Lesern Probleme zu reduzieren, wird nur darüber berichtet. Logisch, wenn jemand eine Zeitung im ABO kauft und jeden Tag die vielen negativen Berichte lesen muss, was mag der wohl über das Land Denken?

Jeder der wissen möchte wer alles zur Gruppe B gehört, sollte sich im TV die Nachrichten oder zum Beispiel „Markus Lanz“ anschauen oder eine Tageszeitung kaufen, da gibt es genügend Beispiele. Die Zeitschriften sind voll davon.

**Wer gehört zur Gruppe C?**

Das sind die Personen denen alles egal ist, egal aus welchen Gründen, aber niemanden einen Schaden zufügen und auch nichts ändern wollen. Deshalb ist es wichtig, jede Person zu akzeptieren, wenn er eine andere Meinung hat, aber anderen Personen keinen Schaden zufügt. P.S. Zu dieser Gruppe gehören leider auch meine Verwandten und Bekannten.

Ich bin mir aber 100%ig sicher, viele würden in Zukunft als Stammkunde eine LP-Karte benutzen, wenn meine WELTNEUHEIT „Kunden helfen Kunden beim Punkte sammeln“ umgesetzt und angeboten wird.

**„Keine Person wird zum Verbrecher geboren“**

Ich kenne keine Religion oder Partei, die anderen Personen noch keinen Schaden zugefügt hat, wenn man die Geschichte bis heute verfolgt!

**Deshalb ist das auch nur meine ganz „persönliche“ Meinung.**

**Das bedeutet, es sind Personen, die soziale und wirtschaftliche Probleme, Arbeitslosigkeit, Kinderarmut, Flüchtlinge, Hass, Gewalt Streiks, sinnlose Diskussionen, Krieg, etc., über die jeden Tag berichtet wird verursachen, deshalb können nur Personen, diese Probleme reduzieren! Jede Person kann Fehler machen, genauso könnte sich jede Person ändern! WENN SIE ES WOLLEN!**

Wir müssen nur bereit sein zum Lernen-Umdenken-Mitdenken und die **„Spreu vom Weizen"** trennen.

Jeder der täglich die Nachrichten im TV und anderen Medien verfolgt, müsste eigentlich begriffen haben, was ich damit meine! Deshalb muss jeder der dieses Buch gelesen hat, selber entscheiden, ob er dieses Buch verstanden hat oder **nicht verstehen will.**

JEDER der dieses 2. Buch gelesen hat, kann entscheiden, ob er eine bessere Zukunft will oder nicht. Das bedeutet, wer dieses 2. Buch **„GEHEIM"** hält, will keine bessere Zukunft.

**Nur Personen**, die dafür sorgen, dass andere Personen von diesem 2. Buch erfahren, jemanden zum Lesen geben oder sogar als Geschenk weitergeben, wollen für unsere Kinder und Enkelkinder eine bessere Zukunft.

Damit es 2 Chancen für eine „bessere Zukunft" geben könnte.

Als 1. Die **„Spreu vom Weizen"** trennen, durch die Neueröffnung von Geschäften zum Punkte sammeln und zum Aufbau von 20 Millionen Stammkunden, die eine LP-Karte benutzen und sich eine bessere Zukunft wünschen. Durch Lernen-Umdenken-Mitdenken hat jeder verstanden, warum die „Wirtschaft das **HERZ** eines Staates" ist. Darunter wird es viele Fachexperten geben, die den Grundstein zur Lösung von anderen Problemen im Land oder in der Welt legen könnten. Das soll nur der Anfang für eine bessere Zukunft sein, weil jeder in 12 Monaten Produkte und Dienstleistungen benötigt und dafür logischerweise auch TASCHENGELD zur freien Verfügung. Ganz einfach – ODER?

Als 2. Die **„Spreu vom Weizen“** trennen, damit in Zukunft nur Personen ein Land regieren, die für „Recht, Sicherheit und Ordnung“ sorgen und für Frieden und Abrüstung, damit die Wähler (20 Millionen Stammkunden) nicht mehr verarscht werden. NIEMALS Waffen an Personen liefern, die Krieg spielen wollen, für Flüchtlinge sorgen und die Wirtschaft schädigen.

Lesen Sie in diesem Buch, einige Beispiele, wie man TV und soziale Netzwerke zum Lernen-Umdenken-Mitdenken benutzen kann, warum und welche Personen **Arbeitslosigkeit, Kinderarmut, Flüchtlinge, Hass, Gewalt Streiks, sinnlose Diskussionen, Krieg, etc., über die jeden Tag berichtet wird verursachen.**

Warum und mit welchen Personen, es eine Zeitverschwendung ist, darüber zu reden und ich deshalb eine Lösung gefunden habe, um die **„Spreu vom Weizen“** zu trennen, **OHNE** mit jemanden darüber reden zu müssen. Ein Buch schreiben ist für jemanden der keine Ahnung davon hat, gar nicht so einfach und von meiner Rente, kann ich keine Experten dafür bezahlen. Deshalb muss jeder froh sein, wenn es dieses 2. Buch ab 2023 geben sollte, dass ich nicht aufgegeben habe.

Ich gebe damit meine „persönlichen, positiven und negativen“ Erfahrungen, die ich in 70 Jahren gesammelt habe, an die „jüngere Generation“, Fachexperten, Unternehmer, Mitarbeiter und Kunden weiter.

Es gibt leider nur wenige Dienstleistungen, die eine gute Geschäftsführung und gute Mitarbeiter haben. Dagegen gibt es viele Dienstleistungen, mit schlechter Geschäftsführung und Mitarbeitern, die einen schlechten oder überhaupt keinen Kundenservice betreiben.

Durch meine „persönlichen Erfahrungen“ entstand der Projekt-Vorschlag für eine neue Dienstleistung zum Punkte sammeln. Durch ein TV-Studio wird alles organisiert, informiert und alle die daran arbeiten wollen, müssen selber in den Geschäften als Stammkunde, Punkte sammeln wollen.

**Die einfachste Möglichkeit, damit jeder Fachexperte feststellen kann, ob er etwas verbessern muss oder nicht.**

Ganz einfach – ODER?

LOGISCH: ALLE müssen in 12 Monaten Produkte einkaufen und dafür benötigt jeder „TASCHENGELD zur freien Verfügung". Alle Stammkunden, die das Taschengeld nicht benötigen, wenn es ausgezahlt wurde, können es in Ihrem Wohnort „selber" an Kindereinrichtungen, etc. „SPENDEN".

Ganz einfach – ODER?

Mit diesem 2. Buch, soll die Welt erfahren, dass ich Dieter Symmank bis zu meinem 70. Geburtstag am 28.07.2023 die einzige Person war, die sich für unsere Kinder und Enkelkinder durch „Kunden helfen Kunden beim Punkte sammeln" eine bessere Zukunft gewünscht hat.

**Ich wäre „Dieter der böse Rentner", wenn ich diese WELTNEUHEIT „Kunden helfen Kunden beim Punkte sammeln" mit ins Grab nehmen würde. Ich gehöre keiner religiösen oder politischen Vereinigung an und wünsche mir als Stammkunde, mit einer LP-Karte bei der Reduzierung von Arbeitslosigkeit, Kinderarmut, Flüchtlinge, Hass, Gewalt Streiks, sinnlose Diskussionen, Krieg, etc., helfen zu können.**

**Aber für mich, "selber" eine LP-Karte 12 Monate als Stammkunde benutzen zu können wird für mich als Rentner (70), wahrscheinlich ein TRAUM bleiben, bevor "jüngere Fachexperten" die sich eine bessere Zukunft wünschen, davon erfahren werden.**

# *„Dieter der coole Rentner“*

**(Ein unbekannter „OSSI“ - Autor und Erfinder aus Sachsen)**

**Die „Spreu vom Weizen“ trennen.**

**WELTNEUHEIT für eine bessere Zukunft durch ein Lottospiel zur „Förderung der Wirtschaft“.**

***Beim Einkaufen TASCHENGELD zur freien Verfügung gewinnen.***

**„KUNDEN helfen KUNDEN beim PUNKTE sammeln“**



durch

**Löwen-Punkte (LP)**

**Voraussetzung:**

**Unternehmer, Mitarbeiter und Kunden**

sind bereit zum

**Lernen-Umdenken-Mitdenken**

## Kapitel 6

- **Punkte sammeln nur gegen eine Jahresgebühr**

***Die Wirtschaft ist das HERZ eines Staates!***

**Punkte sammeln nur gegen eine Jahresgebühr**

Mein Vorschlag 50 Euro für alle die mit einer LP-Karte Stammkunde werden wollen. Fachexperten können entscheiden, ob und wann diese geändert wird.

Die Begründung dafür ist ganz einfach, es geht bei diesem Projekt-Vorschlag, um den Aufbau einer neuen Dienstleistung für die Wirtschaft zur Verbesserung der „Motivation und Kommunikation“. Dafür soll eine „große Gemeinschaft“ mit bis zu 20 Millionen Stammkunden in Deutschland aufgebaut werden und dafür benötigt man Fachexperten und Mitarbeiter, die von der Jahresgebühr bezahlt werden sollen.

Jeder kennt oder benutzt Dienstleistungen, wo man eine Jahresgebühr (12 Monate) bezahlt. Das ist seriös, weil ein Geschäftsjahr 12 Monate hat und die dafür arbeiten müssen logischerweise bezahlt werden. Es gibt auch viele Dienstleistungen für die man eine Monatsgebühr bezahlt, die man benötigt.

Der Vorteil besteht darin, ist man mit der Dienstleistung in 12 Monaten **nicht** zufrieden, egal aus welchen Gründen, dann bezahlt man keine Jahresgebühr mehr und man wird logischerweise kein Stammkunde werden.

„Freie soziale Marktwirtschaft“ bedeutet, Angebot und Nachfrage, sowie das TASCHENGELD zur freien Verfügung entscheiden, ob und wie lange eine Dienstleistung genutzt wird oder genutzt werden kann.

Für diese neue Dienstleistung „Kunden helfen Kunden beim Punkte sammeln“ dürfen „NUR“ Personen sich anmelden und eine Jahresgebühr zum Punkte sammeln bezahlen, die alles verstanden haben und sich eine „bessere Zukunft wünschen und keine „Lügner oder Betrüger“ sind. Wer damit ein Problem hat darf keine Punkte sammeln.

Der Vorteil für Fachexperten und Programmierer besteht darin, es wird mit niemanden darüber sinnlos geredet oder diskutiert, werden Personen beim Drogenverkauf, Einbrüchen, Diebstählen erwischt oder verweigern die Kontrolle zur Überprüfung, etc. dann haben Sie gegen die einfachen Regeln verstoßen. Das bedeutet, diese Personen werden für 3 Jahre gesperrt und für Stammkunden veröffentlicht. Die Programmierer brauchen nur ein Häkchen entfernen und schon ist die LP-Karte nutzlos. Ganz einfach – ODER?

**„DUMMHEIT muss bestraft werden“.**

# *„Dieter der coole Rentner“*

**(Ein unbekannter „OSSI“ - Autor und Erfinder aus Sachsen)**

**Die „Spreu vom Weizen“ trennen.**

**WELTNEUHEIT für eine bessere Zukunft durch ein Lottospiel zur „Förderung der Wirtschaft“.**

***Beim Einkaufen TASCHENGELD zur freien Verfügung gewinnen.***

**„KUNDEN helfen KUNDEN beim PUNKTE sammeln“**



durch

**Löwen-Punkte (LP)**

**Voraussetzung:**

**Unternehmer, Mitarbeiter und Kunden**

sind bereit zum

**Lernen-Umdenken-Mitdenken**

## Kapitel 7

- **An alle Unternehmer die Produkte herstellen und verkaufen!**

***Die Wirtschaft ist das HERZ eines Staates!***

**An alle Unternehmer die Produkte herstellen und verkaufen!**

Hallo, ich **„Dieter der coole Rentner“** richte jetzt ein **„persönliches Wort“** in diesem 2. Buch an alle Unternehmer und Anbieter die bis 2023 für den Einzelhandel Produkte herstellen und anbieten. Beispiele:

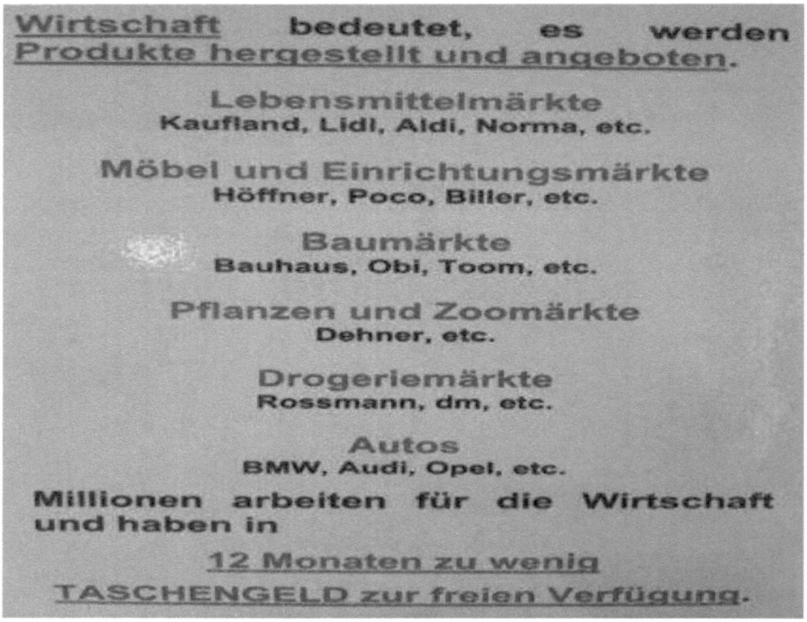

Wirtschaft bedeutet, es werden Produkte hergestellt und angeboten.

Lebensmittelmärkte
Kaufland, Lidl, Aldi, Norma, etc.

Möbel und Einrichtungsmärkte
Höffner, Poco, Biller, etc.

Baumärkte
Bauhaus, Obi, Toom, etc.

Pflanzen und Zoomärkte
Dehner, etc.

Drogeriemärkte
Rossmann, dm, etc.

Autos
BMW, Audi, Opel, etc.

Millionen arbeiten für die Wirtschaft und haben in

12 Monaten zu wenig
TASCHENGELD zur freien Verfügung.

Die Begründung dafür ist ganz einfach:

## Die Wirtschaft ist das HERZ eines Staates!

**Seit 30 Jahren „Deutsche Einheit“ habe ich in Landshut von den Bayern gelernt und als Hobby die „Wirtschafts- und Medienpolitik“ verfolgt. Wie Personen in der Politik, Unternehmen und TV-Sendern, etc., für soziale und wirtschaftliche Probleme, Arbeitslosigkeit, Kinderarmut, Flüchtlinge, Hass, Gewalt Streiks, sinnlose Diskussionen, Krieg, etc., über die jeden Tag berichtet wird verursachen.**

# Wie lange, wollt Ihr noch zuschauen?

KEINE Politiker, sondern Hersteller und Anbieter müssen durch Lernen-Umdenken-Mitdenken dafür sorgen, das Ihren Mitarbeitern die **keine 3.000 Euro im Monat** verdienen „Alternativen“ als „Motivation“ angeboten werden, denn JEDER benötigt logischerweise selber in 12 Monaten Produkte. Wenn mir als Kunde überall die Frage gestellt wird, haben Sie eine Kundenkarte, eine Payback-Karte, eine DeutschlandCard, eine Kaufland Card, etc., dann kann man sehen, dass wir Kunden für „DUMM“ verkauft werden.

Wer hat oder benutzt 20 oder mehr solcher sinnlosen Karten. Ich habe nur die Payback-Karte getestet. Obwohl ich auch jede Woche zu Netto in Landshut gefahren bin, habe ich mir keine DeutschlandCard zugelegt. Genauso würde ich mir niemals, eine sinnlose Kaufland Card zulegen.

Da meine Erfindung als Kunde durch „Beobachtung und Einkäufe bei Kaufland“ entstand, als ich in Landshut gewohnt habe und danach in Neustadt bei Kaufland gesehen habe, das es eine Kaufland Card gibt, dachte ich mir sofort, wie „DUMM“ doch die WESSIS sind, die glauben das nur Kundenbindungssysteme gut sind.

Bis heute haben die Chefs noch nicht begriffen, dass es Personen gibt, die an der Herstellung von Produkten arbeiten die angeboten werden, und keine 3.000 Euro verdienen, aber die wichtigsten Personen für den Einzelhandel sind. Ihr macht die gleichen Fehler, wie die „Dummen Politiker“ die überall auf der Welt, die Wirtschaft schädigen und für Flüchtlinge sorgen und sinnlos Steuergelder verschwenden dürfen.

**Ob und welches Land besitzt für meine Erfindung „Kunden helfen Kunden beim Punkte sammeln“ zuerst geeignete Fachexperten?**

Ich muss leider meine WELTNEUHEIT „Kunden helfen Kunden beim Punkte sammeln“ noch einmal, durch dieses 2. Buch veröffentlichen. Seit der Corona-Krise und dem Ukraine-Krieg hat sich vieles geändert. Wie Sie in diesem Buch lesen konnten habe ich als „unbekannter OSSI“ seit 2018 bis 2023 nur Zeit und Geld verschwendet, niemand wollte dabei helfen oder darüber berichten.

Ich lebe noch, und wünsche unseren Kindern und Enkelkindern eine bessere Zukunft. Leider besteht die Gefahr, dass ein Schauspieler als „unfähiger Präsident Selenskyj", der nur Krieg spielen will und deshalb nur Waffen und Geld dafür fordert und einen Kumpel in den USA gefunden hat. Präsident „Joe Biden" ist natürlich begeistert, wenn es jemanden gibt der in Europa einen 3. Weltkrieg provoziert und dadurch die Wirtschaft schädigt. Russland wird niemals zulassen, dass die Ukraine zur NATO gehört. Joe Biden hat 2023 selber gesagt, auch er würde keinen Zentimeter von einem NATO-Land abgeben.

Alle anderen Länder haben immer noch nicht gemerkt, was diese 2 Personen durch Ihre sinnlosen Forderungen, an die Ukraine Waffen zu liefern, OHNE Verstand bereits angerichtet haben. JEDER kann seit 2022 sehen, wie ein Land und die Wirtschaft durch Personen, die Krieg spielen geschädigt wird. Erst werden Milliarden für die Vernichtung sinnlos verschwendet und danach sollen Milliarden zum Aufbau bezahlt werden? Alle die das verusachen, müssten eingespert werden.

Sie konnten in diesem Buch lesen, das durch die Neueröffnung von Geschäften der Grundstein gelegt werden soll für eine bessere Zukunft.

Die Begründung dafür ist ganz einfach:

An der Spitze von vielen Ladenketten gibt es Personen, die nicht bereit sind zum Lernen-Umdenken-Mitdenken, weil ein „unbekannter OSSI" auf diese einfache Erfindung für eine bessere „Motivation und Kommunikation" gekommen ist.

**Bevor alte Geschäftsführer bereit sind zum Lernen – Umdenken – Mitdenken, müssen erst neue Geschäfte eröffnet werden und es jeden Tag Stammkunden geben die 10.000 Euro Taschengeld zur freien Verfügung gewonnen haben.**

**Wenn Sie dieses 2. Buch gelesen und verstanden haben, dann können Sie entscheiden, ob ihnen die Personen die jeden Monat schuften und keine 3.000 Euro im Monat verdienen, damit die Produkte die Sie herstellen und dann im Einzelhandel zum Verkauf angeboten werden, in Zukunft egal sind oder nicht!**

Aus meiner beruflichen Erfahrung weiß ich, dass durch Kommunikationsprobleme und fehlender Motivation, es vielen Mitarbeitern egal ist, ob die Produkte, die hergestellt auch verkauft werden oder nicht. Hauptsache Sie bekommen am Ende des Monats Ihren Lohn/Gehalt! Deshalb gibt es erst Probleme, wenn Mitarbeiter entlassen werden müssen, wenn durch verschiedene Ursachen weniger Produkte verkauft werden.

Wer in einem Unternehmen nicht bereit ist zum Lernen-Umdenken-Mitdenken, der arbeitet genauso, wie seit 30 Jahren unsere Politiker die in Deutschland regieren. Seit 30 Jahren konnte ich im TV und in Bayern auf Arbeit erleben, warum und wie welche Personen genauso wie in der DDR die Wirtschaft schädigen. Die Hauptprobleme sind „Motivation und Kommunikation". Für uns „OSSIS" hat sich nur eins geändert, wir haben keine Grenze mehr.

Es gibt Personen die versuchen die Welt zu vernichten und die Wirtschaft zu schädigen. Sie können zuschauen oder helfen etwas dagegen zu tun.

Stellen Sie sich einmal folgendes vor, Personen die an der Herstellung von Produkten arbeiten, könnten zum Einkaufen eine LP-Karte benutzen und selber als Stammkunde mithelfen, Arbeitsplätze zu sichern. Vielleicht würde es, dann sogar Chefs geben, die für diese Personen als zusätzliche "Motivation" sogar die Jahresgebühr bezahlen würden?

Alles nur eine Frage der "Motivation und Kommunikation".

Die Frage ist nur, ob und wer sorgt dafür das "junge Fachexperten" diesen Projekt-Vorschlag für eine bessere Zukunft, umsetzen und anbieten können.

Dieses 2. Buch ist eine Gebrauchsanleitung, damit der Grundstein dafür gelegt werden könnte. Man muss nur die **„Spreu vom Weizen"** trennen, denn Produkte benötigt **jede Person in 12 Monaten**.

**Eurer „Dieter der coole Rentner"!**

# *„Dieter der coole Rentner“*

**(Ein unbekannter „OSSI“ - Autor und Erfinder aus Sachsen)**

**Die „Spreu vom Weizen“ trennen.**

**WELTNEUHEIT für eine bessere Zukunft durch ein Lottospiel zur „Förderung der Wirtschaft“.**

***Beim Einkaufen TASCHENGELD zur freien Verfügung gewinnen.***

**„KUNDEN helfen KUNDEN beim PUNKTE sammeln“**



durch

**Löwen-Punkte (LP)**

**Voraussetzung:**
**Unternehmer, Mitarbeiter und Kunden**
sind bereit zum
**Lernen-Umdenken-Mitdenken**

## Kapitel 8

- **An alle Projektleiter und Fachexperten die dieses Buch gelesen und verstanden haben und beim Aufbau der Dienstleistung helfen wollen.**

***Die Wirtschaft ist das HERZ eines Staates!***

**An alle Projektleiter und Fachexperten die dieses Buch gelesen und verstanden haben und beim Aufbau der Dienstleistung helfen wollen.**

Sie konnten bereits in diesem 2. Buch lesen, warum neue Geschäfte für „Kunden helfen Kunden beim Punkte sammeln" als Grundstein für eine bessere Zukunft eröffnet werden sollen. Deshalb lesen Sie jetzt weitere Hinweise und Vorschläge, die Sie für die Umsetzung und zur Motivation und Information beachten sollten.

Für alle Geschäfte die für „Kunden helfen Kunden beim Punkte sammeln" neu eröffnet werden, soll es folgende einfache Regeln geben:

**Videoüberwachung**

P.S. Ich konnte dadurch selber schon 2 x Probleme mit dem Personal klären. Beim 1 x bekam ein Mitarbeiter der mich beraten hatte einen Anruf und ging weg und hatte sein Smartphone mitgenommen. Als er zurück kam hatte er kein Smartphone mehr und sagte er hatte es aufs Regal gelegt und ich hatte den Verdacht, dass er Denkt? ich habe es geklaut. Deshalb gab ich Ihm den Hinweis, bei der Videoüberwachung zu überprüfen, ob und wo er es hingelegt haben könnte. Er folgte meinen Rat und kam mit seinem Smartphone wieder. So einfach kann man einem Verdacht in Ruhe aufklären. Auch beim 2. Verdacht ging ich durch die Schranke und es tat piepen, obwohl ich wusste das ich nichts geklaut habe. Auch hier sagte ich zu den Mitarbeitern, ich habe nur eine Druckerpatrone geholt und war nirgendwo anders. Dank der Videoüberwachung konnte mir das bestätigt werden.

Da ich kein Lügner und Betrüger bin, habe ich damit kein Problem und konnte alles in Ruhe klären. Das verstehe ich unter Recht, Sicherheit und Ordnung.

**Keine Bargeldbezahlung**

P.S. Ich habe als Rentner (70) damit kein Problem, wenn es in Geschäften eingeführt wird. Meine WELTNEUHEIT ist für die „jüngere Generation" gedacht. Es gibt bereits Länder, wo die Bezahlung mit Bargeld abgeschafft wird. Wer damit ein Problem hat, kann kein Stammkunde werden. Wer Stammkunde werden will benötigt 2 Karten, eine zum Bezahlen und 1 LP-Karte für die Registrierung der Punkte, damit Taschengeld zur freien Verfügung innerhalb von 6 Wochen ausgezahlt werden kann.

**Es soll einfache Regeln zur Kontrolle für Stammkunden geben.**

Beispiel: JEDER Autofahrer muss einfache Regeln (Führerschein, Anschnallen, etc.) beachten, bevor er ein Auto benutzt. Wer dagegen verstößt und dabei erwischt wird, muss Strafe bezahlen.

Beispiel: JEDER der Bus, Bahn, etc., fährt, benötigt ein Fahrschein, wer OHNE erwischt wird, muss Strafe bezahlen.

Beispiel: Im TV gibt es auch gute Sendungen, wie **„Betrügern auf der Spur“** oder die **„Versicherungsdedektive“**, etc., wo **„Lügner und Betrüger“** entlarvt werden.

**Meine Vorschläge zur Kontrolle und Information in Geschäften**

Folgender Hinweis könnte für jeden sichtbar in allen Geschäften angebracht werden, kann von Fachexperten verbessert werden:

# WELTNEUHEIT zum Punkte sammeln

## „Kunden helfen Kunden beim Punkte sammeln“

**Alle Mitarbeiter in diesem Geschäft wollen für unsere Kinder und Enkelkinder eine bessere Zukunft.**

**„NUR“ Personen, die eine Tätigkeit nachweisen können, geeignete Rentner sind oder einen Studentenausweis besitzen und keine Straftaten begehen dürfen in diesem Geschäft eine LP-Karte benutzen.**
**Für alle die eine LP-Karte benutzen, gibt es einfache Regeln:**

**Wer beim Lügen, Betrügen erwischt wird oder eine Kontrolle verweigert, wird veröffentlicht und für 3 Jahre gesperrt.**

**„<u>DUMMHEIT muss bestraft werden</u>“.**

**In diesem Geschäft haben Sie 2 Alternativen:**

1. **Sie sammeln <u>keine</u> Punkte.**
2. **Sie wollen „Stammkunde“ werden, durch „Kunden helfen Kunden beim Punkte sammeln“ gegen eine Jahresgebühr. Ein Lottospiel zur Förderung der Wirtschaft und zur Reduzierung von vielen Problemen. Stammkunden haben <u>die Chance pro Einzelaktion</u> = Lottotipp <u>bis 10.000 Euro TASCHENGELD oder mehr zur freien Verfügung gewinnen zu können</u>. Immer wenn <u>1.010.101 Einzelaktionen</u> verkauft wurden, gibt es 100%ig einen Stammkunden als Hauptgewinner mit 10.000 Euro Taschengeld zur freien Verfügung. Nur Stammkunden wollen für eine bessere Zukunft sorgen.**

**Auszahlung von Punkten**

**KEIN Kundenbindungssystem**, der Punktwert 1 LP = 1 Cent der nach jedem Durchgang (innerhalb von 6 Wochen) zur Verfügung steht, wird **als „Taschengeld zur freien Verfügung“** aufs **angegebene Konto überwiesen.**

Weitere Informationen und Anmeldung: www.XXXXXXXXX.de
QR-Code:

In diesen Geschäften soll es natürlich auch zum Beispiel „Flyer“ zur Information geben. Das dürfte für Marketingexperten kein Problem sein.

**Für die Kontrolle können verschiedene Personen eingesetzt werden.**

Zum Beispiel wäre es schön, wenn die Polizei eine Möglichkeit hat, eine Person zu überprüfen, die bei einer Straftat, (Drogenverkauf, Einbruch, Diebstahl) auf frischer Tat erwischt wurde, ob diese Person ein Stammkunde ist. Wenn ja, dann könnte diese Person sofort gesperrt werden, OHNE Gummiparagraphen, Richter und Staatsanwälte.

Wenn ein Straftäter 3 Jahre, keine LP-Karte benutzen darf und für Stammkunden veröffentlicht wird, dann könnte die Polizei selber auch in der Praxis für „Recht, Sicherheit und Ordnung“ sorgen, damit die Straftaten reduziert werden.

P.S. Die Polizei soll für „Recht, Sicherheit und Ordnung“ in einem Land sorgen. Das Problem, Straftäter die bereits viele Vorstrafen haben, werden immer wieder auf freien Fuß gesetzt? Die Begründung dafür ist ganz einfach: Gummiparagraphen sorgen dafür, damit Richter und Staatsanwälte viele Verbrecher wieder frei lassen müssen. Die Polizei ist dagegen hilflos. Jeder Politiker der an der Macht ist, sollte 6 Monate bei Polizeieinsätzen diese Erfahrungen machen, damit er beleidigt, bespuckt, angegriffen oder verletzt wird, etc., vielleicht werden dadurch in Zukunft die Gesetze geändert bzw. verbessert. Die Polizisten sind die wichtigsten Personen die durch Ihre Erfahrungen dabei helfen könnten und nicht diese „IDIOTEN“ die von der Praxis keine Ahnung haben, aber Gesetze machen. Politiker sorgen für viele Probleme im Land und die Polizei muss als „Prügelpolizei“ für Ruhe und Ordnung sorgen. Jeder kann das im TV verfolgen. Kein Wunder, wenn die Polizei, den Ruf als “Freund und Helfer” verliert. Viele Personen, die mit Straftätern oder Verbrechen nichts zu tun haben, sehen nur die Meldung im TV oder in der Presse, mehr nicht. Deshalb sollte sich jeder selber einmal vorstellen, er wäre Polizist, erwischt einen Drogendealer auf frischer Tat und nach einem 1 Monat, werden Sie von dieser Person ausgelacht, weil er nicht bestraft wurde und damit weiter machen kann?

Beispiel: Stammkunden die bei der Kontrolle helfen wollen, könnten sich dafür bewerben und einen Kontrollausweis dafür erhalten.

Beispiel: Alle anderen Stammkunden die 100%ig eine Person kennen, die eine LP-Karte benutzt, der ein Lügner oder Betrüger ist, können diese Person melden. Das hat natürlich nichts mit **„verpetzen“** zu tun, sondern alle LP-Karten-Benutzer wollen mithelfen bei der Reduzierung von **Arbeitslosigkeit, Kinderarmut, Flüchtlinge, Hass, Gewalt Streiks, sinnlose Diskussionen, Krieg, etc., über die jeden Tag berichtet wird.**

Der Vorteil und das schönste beim Aufbau dieser Dienstleistung besteht darin, durch theoretische und praktische Erfahrungen von allen Stammkunden, können zu jederzeit Veränderungen oder Verbesserungen durch die Fachexperten gemacht werden.

Demokratie für Stammkunden bedeutet, gemeinsam durch Lernen-Umdenken-Mitdenken eine Lösung bzw. Verbesserung für ein Problem finden und Vorschläge durch Abstimmung festlegen.

Dadurch können Stammkunden lernen, wie Demokratie in einem Land funktioniert und was man darunter versteht, wenn es unterschiedliche Meinungen gibt. Durch bessere Kommunikation mit Fachexperten die ebenfalls als Stammkunden Punkte sammeln, könnten Stammkunden selber Vorschläge für Verbesserungen oder Veränderungen machen. Wenn über Vorschläge abgestimmt wird, entscheidet logischerweise die Mehrzahl. Durch 1 TV-Studio wäre es kein Problem, dafür zu sorgen.

In der Politik, wie jeder bis 2023 verfolgen konnte, werden Millionen Personen von einigen Personen im TV verarscht, die sagen wir haben in Deutschland eine Demokratie? Wie die aussieht kann jeder selber im TV und in den sozialen Netzwerken verfolgen. Ein eindeutiger Beweis ist der Ukraine-Krieg. P.S. Ich bin nur für Friedensverhandlungen und gegen Waffenlieferungen und sinnlose Verschwendung von Steuergeldern. Deshalb dürfte NIEMALS ein Bundeskanzler die Macht besitzen, WAFFEN und STEUERGELD an ein Land zu liefern, das Krieg spielen will, OHNE das Volk darüber abstimmen zu lassen, wenn es eine Demokratie in diesem Land geben würde.

JEDE Person weiss, das WAFFEN zur Zerstörung und Vernichtung verwendet werden. Begründung: Von Anfang an, wollte Selenskyj keine Friedensverhandlungen mit Russland, sondern hat von Deutschland nur **„WAFFEN und GELD“ gefordert.**

Deshalb sollte das Volk abstimmen, wer ist in Deutschland für Waffenlieferungen und sinnlose Verschwendung von STEUERGELDERN und wer ist für Friedensverhandlungen? Das VOLK und nicht der Bundeskanzler sollte entscheiden, ob Deutschland einen 3. Weltkrieg mit verusachen will oder nicht.

Genauso sollte Putin im TV gefragt werden, warum er die Ukraine angegriffen hat? Bis heute will das niemand von Putin wissen, alle sagen nur mit dem reden oder verhandeln wir nicht. Jeder kann im TV verfolgen, welche Personen nicht wollen das der Krieg in der Ukraine beendet wird. An 1. Stelle steht der Präsident der Ukraine (Schauspieler) Selenskyj und an 2. Stelle die USA, an 3. Stelle alle die an Waffenlieferungen und Zerstörung der Wirtschaft verdienen.

**Ich gehöre zu den Rentnern (70), die noch kein Problem haben zum Lernen-Umdenken-Mitdenken, deshalb dürfen eine LP-Karte nur „geeignete Rentner“ benutzen, die damit ebenfalls kein Problem haben.**

**Es könnte aber folgendes Passieren:**

Wird bei einer Kontrolle festgestellt, das der Rentner überhaupt nicht verstanden hat, warum und wie Punkte gesammelt werden, dann könnte der Verdacht vorliegen, das dieser Rentner durch Lügner und Betrüger (Kinder, Enkelkinder) benutzt wird. Die Überprüfung erfolgt durch Personen die dafür festgelegt werden.

Ein gutes Beispiel dafür sind im TV die „Versicherungsdedektive“, wie man das überprüfen könnte. **Bei Betrug, soll der Rentner nicht veröffentlicht werden**, **aber seine Punktekarte soll für immer gesperrt werden.**

Die Punkte, die von **„Lügnern oder Betrügern“** gesperrt wurden, sollen an Kindereinrichtungen oder Schulen gespendet werden.

**JEDER** soll bis zur Rente eine Tätigkeit ausüben, deshalb muss jeder eine nachweisen können. Wer durch Arbeitsämter, Zeitarbeitsfirmen, soziale Einrichtungen, etc., keine Tätigkeit findet, egal aus welchen Gründen darf kein Stammkunde werden.

RTL 2 berichtet seit 30 Jahren über Personen, die zu Faul sind zum arbeiten, obwohl überall Arbeitskräfte benötigt werden. Deshalb niemals mit solchen Personen sinnlos diskutieren, denn es ist ZEITVERSCHWENDUNG!

Es gibt Personen, die seit vielen Jahren dafür sorgen, das es diese Probleme gibt und nicht geändert werden. Der Sozialstaat Deutschland wird wegen dieser „DUMMHEIT“ von vielen ausgenutzt, egal ob von Deutschen oder Ausländern.

P.S. In der DDR musste sich auch „JEDER“ selber eine Arbeit suchen, ansonsten hat er kein Geld bekommen. Ich habe auch bis zur Rente, erst in der DDR und 30 Jahre in Bayern gearbeitet. Deshalb würde ich mich mit keiner Person unterhalten, die keine Tätigkeit findet, es wäre Zeitverschwendung, weil diese Person für meine Erfindung nicht geeignet ist, egal aus welchen Gründen.

Dazu ein Beispiel: Ich hatte in Bayern einen Nachbarn (ein echter Bayer) der Arbeitslos war. Ich fragte Ihn, „warum gehst Du nicht arbeiten“? Die Antwort, „ich bin überqualifieziert, für mich gibt es keine Arbeit und wenn, dann finde ich immer eine Ausrede, das ich nicht arbeiten muss“ !!!!!?

Eine Unterhaltung mit solchen Personen ist sinnlose Zeitverschwendung. Das wissen auch viele Mitarbeiter vom Arbeitsamt, die von Steuergeldern bezahlt werden, deshalb ist es normal das die gegen sinnlose Gesetze nichts nachen können.

Ich habe mich an einem Freitag 1995 in Regensburg (Bayern) bei einer Zeitarbeitsfirma beworben. Nach dem ich alles ausgefüllt hatte sagte man mir „Montag geht's los“! Als ich sagte, „was Montag schon?“, bekam ich zur Antwort, „wollen Sie arbeiten oder nicht?“. Ich hätte damals niemals gedacht, das ich von diesem Montag an, bis zur Rente in Bayern arbeiten muss.

Ich habe in dieser Zeit nur einmal die Zeitarbeitsfirma gewechselt, bis ich 2010 bei einem Unternehmen eine Festeinstellung bekommen habe und dadurch im Monat 900 Euro mehr verdienen konnte. Das bedeutet, eine Zeitarbeitsfirma verdient nur GELD, wenn es Personen gibt die arbeiten wollen! Das ist der Unterschied zwischen einem Arbeitsamt und einer Zeitarbeitsfirma.

## Vorschläge für die Verteilung der Jahresgebühr

Da ich nicht selber meinen „Projekt-Vorschlag“ mit Fachexperten aufbauen und umsetzen kann, mache ich jetzt einige Vorschläge für den Projektleiter der Gruppe 1, wie ich die Verteilung der Jahresgebühr, für eine bessere Motivation und Kommunikation festlegen würde.

Jeder der Betriebswirtschaft studiert hat oder die Fähigkeit besitzt als Projektleiter diese schöne Weltneuheit umzusetzen, hat den Vorteil er muss niemanden dazu überreden, überzeugen, etwas verkaufen, etc., sondern nur Personen auswählen, die mit „Herz und Seele“ für eine bessere Zukunft arbeiten wollen.

Es müssen Personen (junge Fachexperten die Wirtschaft für den Einzelhandel studiert haben) ausgewählt werden, die selber als „Stammkunde“ in diesen Geschäften mit einer LP-Karten einkaufen gehen würden. Sie benutzen dieses 2. Buch und erarbeiten die erforderlichen Informationen und Regeln dafür. Wichtig ist von 0 anfangen, bedeutet alles sinnlose, was geschult wurde weglassen und so einfach wie möglich machen, so wie ich es vorgeschlagen habe.

Als Erfinder der Geschäftsidee „Kunden helfen Kunden beim Punkte sammeln“ habe ich zum Aufbau der Dienstleistung eine Jahresgebühr von 50 Euro festgelegt. Fachexperten können entscheiden, ob es langt oder ob diese höher sein soll und ob eine “MwSt” dazu kommt.

Beim Aufbau dieser Dienstleistung geht es um **„Motivation und Kommunikation“**.

Dieter Symmank der Erfinder der Dienstleistung „Kunden helfen Kunden beim Punkte sammeln“ erklärt jetzt, warum und wie ich die Verteilung der Jahresgebühr festlegen würde.

Zum Lernen-Umdenken-Mitdenken, ist es auch wichtig „Alternativen“ zu nutzen, um für eine bessere „Motivation und Kommunikation“ im Unternehmen zu sorgen. In diesem 2. Buch konnten Sie lesen, dass sich in **1 Euro = 100 Cent** verbergen, aber kaum jemand kann sich vorstellen, wie man diese zur Motivation benutzen kann.

**So stelle ich mir die Verteilung der Jahresgebühr von 50 Euro vor.**

Davon sollen **35 Euro** zur Bezahlung der Fachexperten, Projektleiter und Mitarbeiter verwendet werden, die für diese Dienstleistung als Stammkunde arbeiten wollen.

Das Ziel für Deutschland wären **20 Millionen Stammkunden**. Für richtige Marketing-Fachexperten kein Problem, durch Informationen über 1 TV-Studio dafür zu sorgen, dass über 20 Millionen Personen von dieser WELTNEUHEIT erfahren.

**10 Euro = 1.000 Cent** (Kleinvieh macht auch Mist) werden zur Motivation von Projektleiter und deren Mitarbeiter der Gruppe 1 bis 4 und für alle Fachexperten und Mitarbeitern der Gruppe 1 und 2 genutzt. Das bedeutet, man könnte 1.000 Personen zur Motivation von der Jahresgebühr 1 Cent bezahlen, damit diese das Ziel für Deutschland mindestens 20 Millionen Stammkunden aufbauen erreichen wollen. Ganz einfach – ODER?

Logisch, jeder wird jetzt sagen 1 Cent ist aber wenig. Aber das Ziel besteht darin, 20 Millionen Stammkunden aufzubauen die sich eine bessere Zukunft wünschen. Es ist kein Problem, durch Fachexperten dieses Ziel zu erreichen, wenn Sie diese Weltneuheit verstanden und richtig und seriös umsetzen und anbieten können.

Wer diese Auszahlung erhält und nicht benötigt, kann selber diesen Betrag in seinem Wohnort spenden. JEDER Projektleiter und jede Person von der Gruppe 1 bis 2 sollen mit „Herz und Seele“ für diese Weltneuheit arbeiten, ansonsten sind Sie dafür nicht geeignet. Ich konnte selber bis zur Rente viele Unternehmen und Dienstleistungen kennen lernen, wo Personen OHNE Motivation arbeiten oder keinen oder schlechten Kundenservice bieten. Hauptsache am Monatsende gibt's Lohn/Gehalt. Ansonsten wäre ich nicht auf diese einfache Idee zur Motivation gekommen.

P.S. **Payback hat 31 Millionen Kunden, die seit 2000 eine Punktekarte beim Einkaufen benutzen und für keine bessere Zukunft sorgen können!**

**5 Euro** sollen für Stiftungen verwendet werden. Mein Vorschlag, 3 Euro sollen als Stiftung für Stammkunden eingerichtet werden. Damit soll Stammkunden geholfen werden, die durch Naturkatastrophen, Unfall, etc. unschuldig in finanzielle Probleme geraten sind. 2 Euro sollen für Hilfswerke gespendet werden, egal ob ASB, Feuerwehr, etc. Mein Vorschlag, der Projektleiter der Gruppe1 teilt mit Personen der Gruppe 1 jedes Jahr den Betrag in mehrere Teile. Danach findet eine Verlosung im TV-Studio statt. Hilfswerke die an der Verlosung teilnehmen möchten, könnten sich für die Verlosung anmelden.

**Dieter Symmank, der Autor und Erfinder von „Kunden helfen Kunden beim Punkte sammeln“ soll ebenfalls 1 Cent von der Jahresgebühr erhalten. Falls ich gestorben bin, soll meine Enkeltochter „Kiara“ diesen Betrag erhalten.**

Die ganze Verteilung der Jahresgebühr, soll vom Rechtanwalt der als Stammkunde für diese Dienstleistung arbeitet, schriftlich festgehalten und bestätigt werden. Dieser kann, wenn es erforderlich ist auch Änderungen vornehmen.

P.S. Durch diese Motivation, könnten viele Unternehmer bereit sein, zum Lernen-Umdenken-Mitdenken, ob und wie und welche Möglichkeiten bietet das eigene Unternehmen zur Motivation von Mitarbeitern, nur durch Cent Beträge? Logisch, JEDER Mitarbeiter freut sich über zusätzliche Gewinne bzw. Prämien. In jedem Unternehmen (Beispiel: Zulieferfirmen für die Autoindustrie) werden Produkte hergestellt, die an jemanden verkauft werden. Ich selber konnte als Leiharbeiter bei einem bekannten Autohersteller, von einer Person, die eine Festeinstellung durch „Beziehungen“ erhalten hat sehen, welche Prämien in einem Jahr ausgeschüttet werden. Dagegen werden die Zulieferfirmen unter Druck gesetzt und abgezockt.

Das Hauptproblem, JEDES Unternehmen und Dienstleistung besteht aus einer „Pyramide“ und in vielen gibt es an der Spitze „sinnlose Wasserköpfe“, die nur abkassieren, OHNE einen Nutzen zu bringen. Ich hatte selber in Unternehmen „sehr gute Schichtleiter, die mit Herz und Seele“ gearbeitet haben kennen gelernt und Schichtleiter, die überhaupt nicht geeignet und gegen jede Verbesserung waren. Das bedeutet, viele Chefs von Unternehmen haben keinen Durchblick, welche Fehler gemacht werden und was verbessert werden könnte, weil die „Kommunikation und Motivation“ nicht funktioniert.

Im TV gibt es Beispiele mit der Sendung „Untercoverboss", wo Chef sich verkleiden und in verschiedenen Bereichen versuchen Erfahrungen zu sammeln, ob und was besser gemacht werden könnte. P.S. Eine schöne Sendung zum Lernen-Umdenken-Mitdenken für alle Chefs, die ein Unternehmen leiten. Viele Unternehmer wissen gar nicht, ob und welche Probleme es im Unternehmen oder Dienstleistung gibt, wenn die Kommunikation und Motivation nicht funktioniert.

Deshalb soll es für die Dienstleistung „Kunden helfen Kunden beim Punkte sammeln" 4 Gruppen geben mit jeweils 1 Projektleiter der dafür sorgt, dass es keine Probleme mit dem Kundenservice gibt. Mein Vorschlag an die Projektleiter, von einer bekannten Person einen Brief schreiben lassen der „persönlich an den Projektleiter" gerichtet ist, um feststellen zu können, ob Sie diesen Brief erhalten.

Dazu folgendes Beispiel: Im August habe ich einen Brief an einen bekannten Lottoexperten geschrieben. Ich wollte wissen, ob er sich mit einem „unbekannten OSSI" über meine Erfindung, ein Lottospiel zur „Förderung der Wirtschaft" unterhalten würde und was er davon hält. Leider hat dieser Lottoexperte diesen Brief nicht erhalten, denn eine „unfähige Mitarbeiterin" hat diesen Brief geöffnet und mir geantwortet. Ich konnte sofort sehen, dass dieser Brief nicht an die Person übergeben wurde, obwohl in der Anschrift stand „Nur persönlich für xxxxxx" und im Brief stand das dieses Lottospiel eine WELTNEUHEIT wäre.

P.S. Wenn ich der Chef, von dieser Person wäre und würde davon erfahren, dann könnte die sich einen anderen Job suchen. Solche einfachen Fehler, können einen großen Schaden verursachen.

Ich habe wegen der Corona-Krise über 100 Briefe versendet und keine Antwort bekommen, weil vielleicht solche „unfähigen Personen" den Brief geöffnet und nicht an die richtigen Personen weitergeleitet haben. Schlechte Kommunikation mit Dienstleistungen, hat bestimmt schon jeder einmal erlebt.

# *„Dieter der coole Rentner“*

**(Ein unbekannter „OSSI“ - Autor und Erfinder aus Sachsen)**

**Die „Spreu vom Weizen“ trennen.**

**WELTNEUHEIT für eine bessere Zukunft durch ein Lottospiel zur „Förderung der Wirtschaft“.**

***Beim Einkaufen TASCHENGELD zur freien Verfügung gewinnen.***

**„KUNDEN helfen KUNDEN beim PUNKTE sammeln“**



durch

**Löwen-Punkte (LP)**

**Voraussetzung:**
**Unternehmer, Mitarbeiter und Kunden**
sind bereit zum
**Lernen-Umdenken-Mitdenken**

## Kapitel 9

- **Wer könnte bzw. darf „Kunden helfen Kunden beim Punkte sammeln“ durch eine LP-Karte für Stammkunden in Zukunft anbieten?**

***Die Wirtschaft ist das HERZ eines Staates!***

**Wer könnte bzw. darf „Kunden helfen Kunden beim Punkte sammeln" durch eine LP-Karte für Stammkunden in Zukunft anbieten?**

Der Markt dafür ist gewaltig!

Wichtig: Wenn in einem Land „Kunden helfen Kunden beim Punkte sammeln" angeboten wird, dann können nur Personen in diesem Land ein Stammkunde werden und eine LP-Karte benutzen, die auch einen Wohnsitz in diesem Land haben. Wer lügt oder betrügt, wird veröffentlicht und für 3 Jahre gesperrt.

Eine LP-Karte könnte jedes Unternehmen anbieten, dass Produkte im Einzelhandel anbietet und dieses 2. Buch gelesen und verstanden hat, wenn es in dem Land dafür eine Dienstleistung gibt. Wenn es diese Dienstleistung noch nicht gibt, können Sie selber mithelfen und dafür sorgen, dass so eine Dienstleistung für Stammkunden aufgebaut wird.

**Jeder der Produkte im Einzelhandel anbietet und kein Problem damit hat, den Punktwert, innerhalb von 6 Wochen an die Dienstleistung zu bezahlen, damit dieser Cent-Betrag ausgezahlt werden kann.**

Da ich selber gern im Einzelhandel mir Produkte aussuche, habe ich „Kunden helfen Kunden beim Punkte sammeln" für den Einzelhandel erfunden. Ein Einzelhändler der zusätzlich auch Online Produkte anbietet, entscheidet, ob und auf welche Online-Produkte er Punkte vergibt. Das bedeutet, wer keinen Einzelhandel hat, sondern nur Online-Handel betreibt, darf keine LP-Karte anbieten. Begründung:

Es wurde mehrfach im TV berichtet, dass es Kunden gibt, die sinnlos viele Produkte Online zum Anprobieren, etc. bestellen und danach viele Produkte wieder zurück Senden. Damit könnte es Probleme mit der Vergabe von Punkten geben. Deshalb sollen solche Online-Anbieter ausgeschlossen werden. P.S. Dann müsste es eine LP-Karte „NUR" für Online-Anbieter geben und die Regeln für die Vergabe der Punkte dafür neu festgelegt werden.

Der Grundsatz lautet, alles was bis 2023 schlecht ist weglassen, damit es kaum Probleme gibt.

**Jede Dienstleistung, wo auf Rechnung bezahlt wird und der Anbieter kein Problem damit hat, den Punktwert innerhalb von 6 Wochen an die Dienstleistung zu bezahlen, damit dieser Cent-Betrag ausgezahlt werden kann.**

JEDER Stammkunde benötigt bzw. nutzt in 12 Monaten auch verschiedene Dienstleistungen für die es eine Rechnung gibt, egal ob Autowerkstatt, Sport- und Freizeitmöglichkeiten, etc. Deshalb kann es passieren, dass es einige Dienstleistungen geben könnte, die sich auch eine bessere Zukunft wünschen und eine LP-Karte anbieten wollen. Logisch, es ist absolut kein Problem auf viele Rechnungen, mindestens ab 4 Punkte = 4 Cent zu vergeben. Alles nur eine Frage der „Motivation und Kommunikation".

Der Projektleiter der Gruppe 1, sollte dafür sorgen das für alle Produkt-Anbieter im Einzelhandel und geeignete Dienstleistungen die eine LP-Karte anbieten könnten, von Fachexperten die Informationen dafür erstellt werden. Es ist vollkommen normal, dass erst einmal der Grundstein durch die „Neueröffnung" von Geschäften gelegt werden muss, wo jedes Produkt ein Lottotipp ist. Sobald es Stammkunden gibt, die 10.000 Euro TASCHENGELD zur freien Verfügung gewonnen haben, dann trennt sich auch bei allen Anbietern von Produkten und Dienstleistungen die „Spreu vom Weizen".

Sobald das Lottospiel „Kunden helfen Kunden beim Punkte sammeln" bekannt wird, werden Stammkunden selber davon auf Arbeit, bei Feiern, über Netzwerke darüber berichten. Das TV-Studio berichtet ebenfalls jeden Tag darüber, wie sich Stammkunden gegenseitig helfen. Viele Anbieter von Produkten und Dienstleistungen, kennen bis 2023 nur die **sinnlosen Kundenbindungssysteme**. Deshalb konnte auf so eine einfache WELTNEUHEIT zum Punkte sammeln niemand kommen.

Die Frage ist nur, ob und wer will im Land in Zukunft bei der Reduzierung von **Arbeitslosigkeit, Kinderarmut, Flüchtlinge, Hass, Gewalt Streiks, sinnlose Diskussionen, Krieg, etc., über die jeden Tag berichtet wird mithelfen und eine LP-Karte anbieten?**

Dazu noch folgender Vorschlag:

**Geschäfte die es bis 2023 gab und in Zukunft „Kunden helfen Kunden beim Punkte sammeln" anbieten wollen, sollten auch eine Jahresgebühr von 100 Euro pro Geschäft bezahlen?**

Dagegen sind alle Geschäfte/Läden die dafür „NEU“ eröffnet werden von der Jahresgebühr befreit. Begründung: Diese Geschäfte legen den Grundstein für meine Erfindung, solange es berufstätige gibt, die keine 3.000 Euro im Monat verdienen. Ein Geschäftsführer und seine Mitarbeiter können, wenn es Probleme gibt, vom Projektleiter Gruppe 1 gekündigt werden.

Für alle Geschäfte, die dafür „NEU“ eröffnet werden, ist jedes Produkt ein Lottotipp:

- Standard 4 Punkte = 4 Cent (weiße Schilder)
- Mehr als 4 Punkte = 4 Cent (grüne Schilder)

Für Geschäfte die es bis 2023 gab und ebenfalls in Zukunft eine LP-Karte anbieten wollen, **bezahlen pro Geschäft/Laden <u>eine Jahresgebühr von 100 Euro</u>**. Begründung: Diese Geschäftsführer können, wenn es Probleme gibt nicht gekündigt werden, sondern dürfen für Stammkunden keine LP mehr anbieten.

Diese Geschäfte können selber entscheiden, für welche Produkte ab mindestens 4 Punkte für LP-Kartenbenutzer angeboten werden.

Die Begründung dafür ist ganz einfach. Diese Anbieter können 3 Jahre oder länger beweisen, ob Sie diese Weltneuheit verstanden haben und als Produkt-Anbieter ebenfalls ein Stammkunde werden wollen.

Nur wer in Zukunft, auf alle Produkte Punkte für LP-Kartenbenutzer anbieten will, der sollte von der Jahresgebühr ebenfalls befreit werden. Alles nur eine Frage der Kommunikation.

P.S. Ich musste in Bayern 11 Jahre als Leiharbeiter bei einem Unternehmen arbeiten, bis ich eine Festeinstellung bekam. Dadurch bekam ich im Monat 900 Euro mehr. Das Problem war, der Chef (in Frankreich) hatte in 120 Ländern Firmen aufgebaut und entschieden, ob und wann Leiharbeiter eingestellt werden dürfen. Ein absoluter Schwachsinn. Diesem Chef, war es egal, ob und welche Probleme es in den 120 Ländern und in den „Strukturen“ durch schlechte Kommunikation gab.

Die Kommunikation in den Strukturen ist in jedem Unternehmen wichtig. Wenn diese nicht funktioniert, entstehen viele Probleme, die manche Mitarbeiter überhaupt nicht mitbekommen.

# *„Dieter der coole Rentner“*

**(Ein unbekannter „OSSI“ - Autor und Erfinder aus Sachsen)**

**Die „Spreu vom Weizen“ trennen.**

**WELTNEUHEIT für eine bessere Zukunft durch ein Lottospiel zur „Förderung der Wirtschaft“.**

***Beim Einkaufen TASCHENGELD zur freien Verfügung gewinnen.***

**„KUNDEN helfen KUNDEN beim PUNKTE sammeln“**



durch

**Löwen-Punkte (LP)**

**Voraussetzung:**

**Unternehmer, Mitarbeiter und Kunden**

sind bereit zum

**Lernen-Umdenken-Mitdenken**

## Kapitel 10

- **Voraussetzungen für den Projekt-Vorschlag „Kunden helfen Kunden beim Punkte sammeln“.**

***Die Wirtschaft ist das HERZ eines Staates!***

**Voraussetzungen für den Projekt-Vorschlag „Kunden helfen Kunden beim Punkte sammeln“.**

| ***1. Gruppe – 1 TV - Studio*** |
|---|
| Fachexperten (Projektleiter) und Mitarbeiter zur Information und zum Aufbau einer großen Gemeinschaft von 20 Millionen Stammkunden in Deutschland, sowie als Bildungsfernsehen für die Wirtschaft<br>Alle Personen dieser Gruppe 1 erhalten als Motivation 1 Cent von der Jahresgebühr |

Als 1. benötigt man mindestens 1 Projektleiter (Regisseur) für die Gruppe 1 zum Aufbau der Dienstleistung „Kunden helfen Kunden beim Punkte sammeln“. Dieser muss das 2. Buch gelesen und verstanden haben und keine Probleme damit haben.

Das dürfte für die richtige geeignete Person, die sich eine bessere Zukunft wünscht, eine schöne Aufgabe und Herausforderung sein, genauso wie es Regisseure gibt, die aus einem Buch einen Film drehen können.

**Das Problem, wie lange wird es dauern bis die richtige Person (Projektleiter/Regisseur) von diesem 2. Buch erfährt?**

Als 2. Der Projektleiter sucht, wenn möglich „junge Fachexperten die zum Aufbau dieser Dienstleistung benötigt werden“ (P.S. es geht um Ihre Zukunft, bevor ältere „Politiker einen 3. Weltkrieg verursachen“), die Wirtschaft für den Einzelhandel studiert haben und sich eine bessere Zukunft wünschen und ein Stammkunde werden wollen. Diese müssen ebenfalls dieses 2. Buch gelesen und verstanden haben, um die erforderlichen Informationen und Regeln erarbeiten zu können. Wer ein Problem damit hat, ist dafür nicht geeignet.

P.S. Es gibt genügend „junge Personen“ die Lernen-Umdenken-Mitdenken können und nicht so „DUMM“ sind wie die „Klimakleber“, die überall nur Schaden anrichten, weil diese von „IDIOTEN“ dazu angestiftet werden und Ihr Leben ruinieren.

Als 3. Wenn alle Informationen und Regeln erarbeitet wurden, werden geeignete leere Geschäfte ausgesucht, die dafür „NEU“ eröffnet werden könnten. Der Vorteil, Produkt-Anbieter gibt es genügend.

Als 4. Wird ein TV-Studio zur Information und zum Aufbau einer „großen Gemeinschaft“ von 20 Millionen Stammkunden und als Bildungsfernsehen für die Wirtschaft eingerichtet.

Als 5. „NEUERÖFFNUNG von Geschäften“ mit Geschäftsführern die ebenfalls dieses 2. Buch gelesen und verstanden haben.

Bevor diese Geschäfte eröffnet werden, können sich Personen anmelden und eine LP-Karte gegen eine Jahresgebühr erhalten. P.S. Ich würde einen neuen Stammkunden der die Jahresgebühr bezahlt hat, zusätzlich 3 Monate Gratis zum Punkte sammeln geben! Erst nach den 3 Monaten zählt die Jahresgebühr.

**Warum 1 TV-Studio zum Aufbau der Dienstleistung?**

Es ist vollkommen normal, TV wird von Personen benutzt, um für ein „Armes Deutschland-Reiches Deutschland“ und für **Arbeitslosigkeit, Kinderarmut, Flüchtlinge, Hass, Gewalt Streiks, sinnlose Diskussionen, Krieg, etc., über die jeden Tag berichtet wird zu sorgen.**

Genauso wird TV von Personen genutzt, die durch gute TV-Sendungen interessante Informationen vermitteln, Produkte vorstellen, Betrügereien aufdecken, etc.!

Deshalb benutze ich seit vielen Jahren TV zum Lernen-Umdenken-Mitdenken. Dadurch kann ich verfolgen welche Personen TV benutzen, um Schaden anzurichten und welche Personen TV für Verbesserungen benutzen.

Dagegen benutzen viele im Bekanntenkreis TV, damit Sie mit anderen darüber sinnlos meckern oder diskutieren können.

Dabei ist es doch ganz einfach, **viele Probleme** werden **„NUR“** durch Personen verursacht.

Der Projektleiter der Gruppe 1 soll dafür sorgen, dass dieses TV-Studio nur für den Aufbau der Dienstleistung „Kunden helfen Kunden beim Punkte sammeln“ genutzt wird zur Information und als Bildungsfernsehen für die Wirtschaft. Es dürfen keine sinnlosen Diskussionsrunden, wie in andere TV-Sendern stattfinden.

Das bedeutet, die Mitarbeiter der Gruppe 1 informieren, wie Produkte hergestellt werden, die in den Geschäften für Stammkunden angeboten werden, für welche Tätigkeiten werden Arbeitskräfte benötigt, wie Stammkunden sich gegenseitig durch Punkte sammeln helfen, ob und welche Probleme es mit Stammkunden gab, wie viel Durchgänge pro Tag erreicht wurden, welche Höchstgewinne konnten in den Klassen/Ebenen erreicht werden?

1 TV-Studio, wo berichtet wird, wie 20 Millionen Stammkunden (Deutschland) aufgebaut werden, die sich in einer „großen Gemeinschaft" nur durch eine LP-Karte gegenseitig für eine bessere Zukunft helfen, wäre ebenfalls eine WELTNEUHEIT zum Lernen-Umdenken-Mitdenken und zur „Förderung der Wirtschaft". Alle 6 Monate sollte im Studio eine Stammtischrunde stattfinden, wo auch Fachexperten zugeschaltet werden können die dafür arbeiten.

**An den Projektleiter und Fachexperten der Gruppe 2**

| ***2. Gruppe – PROJEKT – Fachexperten*** |
|---|
| **„KUNDEN helfen KUNDEN beim PUNKTE sammeln"**<br>Copyright 2019 Vorschlag von Dieter Symmank |
| Alle Fachexperten die für diesen Projekt-Vorschlag benötigt werden, Fachexperten für die Verteilung und Auszahlung von Punkten, Programmierer, Rechtsanwälte, Datenschützer, Wirtschaft für den Einzelhandel studiert haben, etc.<br>Alle Personen dieser Gruppe 2 erhalten als Motivation 1 Cent von der Jahresgebühr |

OHNE Fachexperten kann logischerweise keine Diensleistung aufgebaut werden. Diese Fachexperten sollen mit "Herz und Seele" als Stammkunden für eine bessere Zukunft sorgen. JEDER benutzt dieses 2. Buch als Anleitung, um die erforderlichen Informationen und Regeln zu erstellen, die benötigt werden. Der Projektleiter dieser Gruppe sorgt für den Kundenservice und die Kommunikation in dieser Gruppe.

Alle Fachexperten fangen von NULL an. Da jeder Fachexperte selber als Stammkunde Produkte und Diensleistungen benötigt, dann hat er jetzt selber die Möglichkeit einfache und für jeden verständliche Informationen und Regeln zu erstellen, OHNE sinnlose Bürogratie, nach dem "Motto" alles was bis 2023 schlecht war weglassen und alle Verbesserungen nutzen.

Wie jeder lesen konnte, haben wir ein schlechtes Bildungswesen, deshalb soll jeder entscheiden, was und wie es besser gemacht werden könnte.

Das bedeutet, so einfach wie möglich und verständlich die Informationen machen, denn wenn es später erforderlich ist, können Sie das ändern. Nur so können wir den Grundstein für eine bessere Zukunft legen. Deshalb ist die "Kommunikation" mit Stammkunden, sehr wichtig für jeden Fachexperten.

Wenn Sie ein Fachexperte sind, der für diese Dienstleistung arbeitet, werden Sie keine Probleme haben sich mit Stammkunden in Ruhe darüber zu unterhalten. Für eine bessere KOMMUNIKATION und Motivation sorgen, steht an wichtigster Stelle dieser Dienstleistung.

Einige Beispiele die für mich als LP-Kunden „spannend und interessant" wären, wenn diese Informationen für mich zur Verfügung stehen würden:

Welcher Durchgang bzw. Liste von 1 bis 1.010.100 gerade automatisch gefüllt wird! Zum Beispiel:

Durchgang oder Liste Nummer xxxxxx und ein Zählwerk von 1 bis 1.010.100 LP-Einzelaktionen. Wird dieser gerade gefüllt, dann der Vermerk „Läuft"!

Ist ein Durchgang voll, dann steht der Vermerk. Durchgang „in Bearbeitung"!

Erst wenn alle LP = Cent für einen Durchgang vom LP-Anbieter an die Dienstleistung bezahlt und für den LP-Kunden zur Auszahlung frei gegeben wurden steht der Vermerk, Durchgang „Abgeschlossen"!

Deshalb wünsche ich mir für meine Geschäftsidee „Kunden helfen Kunden beim Punkte sammeln", dass die Programmierer und alle anderen Fachexperten, sich immer „selber symbolisch" auf den Stuhl des Kunden setzen. Die Vorschläge in diesem Ratgeber sind alle durch persönliche gute und schlechte Erfahrungen entstanden, deshalb sollten Programmierer und Fachexperten auch mit Stammkunden „kommunizieren", nur so kann man feststellen, ob und welche Probleme es gibt, etwas verändert oder verbessert werden könnte. Das nennt man "Demokratie" unter Stammkunden.

P.S. Der Vorteil für Programmierer, ein Haken entscheidet, welche Informationen zur Verfügung gestellt werden und welche nicht.

Für mich könnten als Stammkunde auch folgende Informationen interessant sein.

- Wie viel LP konnten pro Liste in der 1. Klasse erreicht werden?
- Wie viel LP konnten pro Liste in der 2. Klasse erreicht werden

Jeder Durchgang hat eine andere LP Verteilung. Interessant sind für mich als Stammkunde auch die monatliche und die Jahresstatistik!

- In welche Ebenen wird man automatisch in 12 Monaten gesetzt?
- Wie viel Löwen-Punkte könnten bei jeder Benutzung erreicht werden?
- Wie viel Löwen-Punkte könnte man damit in 12 Monaten erreichen?
- Wie viel Löwen-Punkte-Millionäre gibt es pro Tag und in 12 Monaten?
- Welche Höchst-Punkte könnten pro Ebene und Durchgang pro Tag und in12 Monaten erreicht werden?

Ich hoffe ich konnte dafür einige Vorschläge machen, die vielleicht für die Umsetzung des Projektes helfen könnten.

**Schauen wir uns die Zielgruppen die Gruppe 3 an:**

| ***3. Gruppe – Punkte - Anbieter*** |
|---|
| Neueröffnung von Geschäften zum Punkte sammeln Geschäftsführer die dafür sorgen, das auf Einzelprodukte Punkte vergeben werden und diese 100%ig als TASCHENGELD zur freien Verfügung an die Dienstleistung bezahlt werden. (1 Punkt = 1 Cent) |

**Durch Neueröffnung von Geschäften den Grundstein legen.**

Der Grundstein für meine Erfindung „Kunden helfen Kunden beim Punkte sammeln“ soll durch die Neueröffnung von Geschäften zum Punkte sammeln gelegt werden, solange es in einem Land Personen gibt, die keine 3.000 Euro im Monat verdienen und die Voraussetzungen zum Punkte sammeln erfüllen.

In diesen Geschäften dürfen nur Geschäftsführer und Mitarbeiter eingesetzt werden, die dieses 2. Buch gelesen und verstanden haben und als Stammkunde eine LP-Karte benutzen wollen. Das bedeutet, Fachexperten erstellen Informationen, für alle Bewerber die als Geschäftsführer oder Mitarbeiter in diesen Geschäften mit „Herz und Seele“ für eine bessere Zukunft arbeiten wollen. Folgende Informationen sind dafür wichtig:

Geschäftsführer sollen dafür sorgen, dass auf alle Einzelprodukte Punkte ab mindestens 4 Cent = Lottotipps vergeben werden. Sollten Produkte, OHNE Punkte, wie Zigaretten, Zeitschriften, etc. angeboten werden, dann sollen diese Bereiche gut sichtbar gekennzeichnet werden.

Genauso muss jeder Geschäftsführer dafür sorgen, dass der Punktwert innerhalb von 6 Wochen an die Dienstleistung zur Auszahlung bezahlt wird.

Alle Geschäftsführer müssen selber als Stammkunde Punkte sammeln. Der Geschäftsführer könnte seinen Mitarbeitern als Motivation die „Jahresgebühr" bezahlen.

Alle Geschäftsführer von „NEU" eröffneten Geschäften müssen für dieses Geschäft/Laden keine Jahresgebühr bezahlen. Diese Regeln gelten für alle Geschäfte die dafür „NEU" eröffnet werden. Geschäftsführer die nicht mit „Herz und Seele" für diese WELTNEUHEIT arbeiten, können vom Projektleiter der Gruppe 1 gekündigt werden, wenn es Beschwerden bzw. Probleme gibt.

Jeder Geschäftsführer darf **selber** bestimmen, ob und wie er einen zufriedenen Kundenservice betreibt und dafür neue Ideen mit seinen Mitarbeitern ausprobieren.

Begründung, in Ladenketten die es bis 2023 gibt, bestimmen Personen an der Spitze, was und wie verkauft werden darf oder nicht. Die wichtigsten Personen für einen Geschäftsführer, sollen zufriedene Stammkunden sein.

Zum Beispiel kaufe ich als Rentner, Schuhe mit Klettverschluss. Mein Problem, ich will diese vorher anprobieren und deshalb nutze ich den Einzelhandel und nicht das Internet. Ich habe mehrmals in Schuhläden gefragt, warum bietet Ihr keine Schuhe mit Klettverschluss an? Die Antwort überall gleich, die ganz oben bestimmen was wir anbieten dürfen und was nicht. Also ist das für mich der Beweis, ein schlechter Kundenservice der von ganz oben bestimmt wird.

Dagegen ein gutes Beispiel, ich benötigte eine Hautcreme und schaute im Internet nach, was die kostet. Dann fragte ich in der Apotheke in meinem Wohnort und durch einen guten Kundenservice konnte ich dieses Produkt nach 13 Uhr abholen (SUPER), OHNE Versandkosten. Das versteht man unter Kundenservice.

Die nächste Zielgruppe könnten in Zukunft Anbieter sein, die es seit vielen Jahren gibt, sobald “Kunden helfen Kunden beim Punkte sammeln” bekannt geworden ist und TV-Sender es nicht mehr “GEHEIM” halten können.

Viele werden erst bereit sein zum Lernen-Umdenken-Mitdenken, wenn es Stammkunden gibt, die 10.000 Euro Taschengeld zur freien Verfügung gewonnen haben, weil diese Stammkunden sich eine bessere Zukunft wünschen.

Ob und wann sich bei diesen Anbietern die **“Spreu vom Weizen”** trennt, wird die Zukunft zeigen.

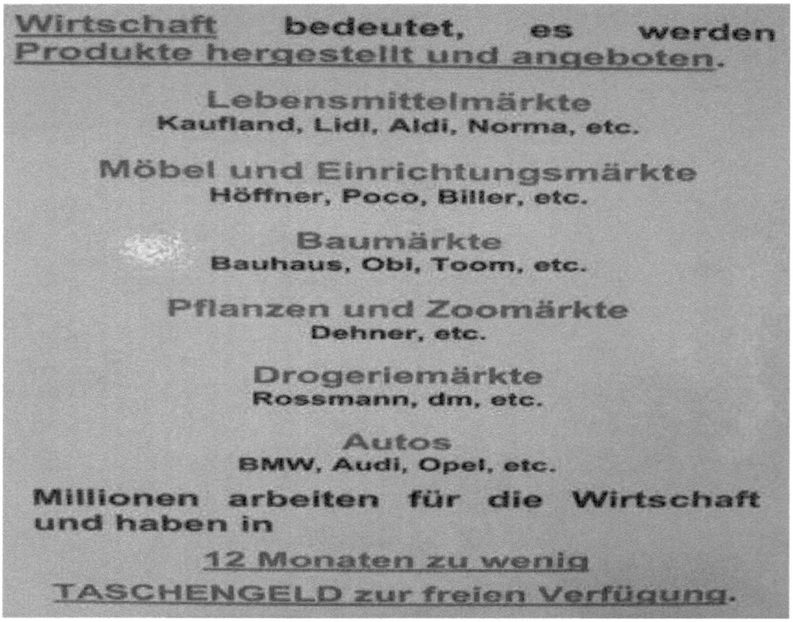


Die nächste Zielgruppe könnten Dienstleistungen sein, die wir benötigen und die als Anbieter ebenfalls ein Stammkunde werden wollen, wenn mindesten ab 4 Punkten = 4 Cent auf Rechnungen vergeben bzw. bezahlt werden.

P.S. Wenn „Kunden helfen Kunden beim Punkte sammeln“ bekannt wird, dann werden sich Dienstleistungen „selber“ melden und wissen wollen, ob Sie ebenfalls als Anbieter mithelfen könnten durch eine LP-Karte für eine bessere Zukunft zu sorgen.

Es ist vollkommen normal, eine **WELTNEUHEIT die für eine bessere Zukunft sorgt und bekannt wird**, wollen viele nutzen.

**Wichtig ist, Fachexperten und Stammkunden sollen immer auf „Lügner und Betrüger“ achten, denn die wird es immer geben.**

**Schauen wir uns die Zielgruppen der Gruppe 4 an:**

| 4. Gruppe – ***Kunden die beim Einkaufen TASCHENGELD zur freien Verfügung gewinnen wollen*** |
|---|
| Punkte sammeln dürfen NUR Personen die eine Tätigkeit nachweisen können, geeignete Rentner sind oder einen Studentenausweis besitzen und keine Straftaten begehen, Lügner und Betrüger sollen für 3 Jahre gesperrt und für Stammkunden veröffentlicht werden |

- Personen die an der Herstellung von Produkten und in Dienstleistungen arbeiten die wir alle in 12 Monaten benötigen und bereit sind zum Lernen-Umdenken-Mitdenken und keine 3.000 Euro im Monat verdienen.
- Personen die mehr als 3.000 Euro im Monat verdienen und ebenfalls bereit sind zum Lernen-Umdenken-Mitdenken und mithelfen wollen, das es eine bessere Zukunft gibt.
- Personen, die Studieren oder studiert haben zum Lernen-Umdenken-Mitdenken, wie man „gemeinsam“ ganz simpel und einfach durch bessere „Kommunikation und Motivation“ für eine bessere Zukunft in verschiedenen Bereichen sorgen könnte. Durch den Aufbau dieser Dienstleistung mit bis zu 20 Millionen Stammkunden, könnte in den nächsten 30 Jahren irgendwann ein Ruck durch Deutschland gehen.
- In jedem Land gibt es Millionen Autofahrer, die Regeln beachten müssen und seit 30 Jahren durch Steuer- und Preiserhöhungen abgezockt werden und als Stammkunde geeignet wären, wenn Sie davon erfahren.

P.S. In diesen Zielgruppen trennt sich ebenfalls die **„Spreu vom Weizen“, denn nur Stammkunden wollen eine bessere Zukunft.**

**Aber, wer würde in Zukunft eine LP-Karte benutzen wollen?**

Vielleicht gibt es darunter Stammkunden, die in den nächsten 30 Jahren ein Land mit Fachexperten regieren wollen, um für „Recht, Sicherheit und Ordnung“ zu sorgen, so wie es auch im Grundgesetz steht, damit das Volk nach den Wahlen nicht wieder 30 Jahre „verarscht“ wird.

Kein Politiker oder Bundesverfassungsschutz kann die „Neueröffnung von Geschäften zum Punkte sammeln“ verbieten oder Hetze gegen diese Personen betreiben, weil es um keine religiöse oder politische Vereinigung geht, sondern um die „Förderung der Wirtschaft“ und zur Reduzierung der Probleme, die diese Personen seit 30 Jahren verursachen dürfen.

Es ist doch für jeden normalen Bürger logisch der eine Schule besucht hat, dass jeder eine Tätigkeit bis zur Rente ausüben sollte. **Arbeitslosengeld eine schöne Erfindung ist**, wenn eine Firma Pleite geht, egal aus welchen Gründen oder wie durch die Corona-Krise und Ukraine-Krieg durch Politiker in die Pleite getrieben wird. **Leider gibt es viele, die diese schöne Erfindung ausnutzen.** Ich hoffe, das durch „Kunden helfen Kunden beim Punkte sammeln“ in Zukunft für viele eine “Motivation” ist, um sich eine Tätigkeit selber zu suchen, um ein Stammkunde zu werden. Überall gibt es dafür genügend “Alternativen”, wo Hilfe benötigt wird.

Leider gibt es viele „Erwachsene Personen“ die Kinder und Enkelkinder haben und diese Probleme verursachen. Im TV kann man einige Personen davon sehen. Solche Personen gab es 40 Jahre in der DDR, deshalb konnte der Sozialismus niemals funktionieren, genauso sorgen Personen seit 30 Jahren für ein „Armes Deutschland – Reiches Deutschland“ und damit kann auch der Kapitalismus niemals funktionieren.

**„Die WIRTSCHAFT ist das HERZ eines STAATES“!**

# *„Dieter der coole Rentner“*

**(Ein unbekannter „OSSI“ - Autor und Erfinder aus Sachsen)**

**Die „Spreu vom Weizen“ trennen.**

**WELTNEUHEIT für eine bessere Zukunft durch ein Lottospiel zur „Förderung der Wirtschaft“.**

***Beim Einkaufen TASCHENGELD zur freien Verfügung gewinnen.***

**„KUNDEN helfen KUNDEN beim PUNKTE sammeln“**



durch

**Löwen-Punkte (LP)**

**Voraussetzung:**

**Unternehmer, Mitarbeiter und Kunden**

sind bereit zum

**Lernen-Umdenken-Mitdenken**

## Kapitel 11

- **Eine Schande für Deutschland und Neustadt in Sachsen**

***Die Wirtschaft ist das HERZ eines Staates!***

## Eine Schande für Deutschland und Neustadt in Sachsen

Einige Beispiele in diesem 2. Buch, wer alles ab 2018 von mir darüber informiert wurde und welche Marketing-Aktionen ich "OHNE Erfolg" ausprobiert habe.

Der Beweis, dass es in Deutschland Personen gibt, die nicht wollen, das es jeden Tag bis 1.000 Stammkunden oder mehr geben könnte, die 10.000 Euro Taschengeld zur freien Verfügung gewinnen könnten. Diesen Personen sind Probleme, wie **Arbeitslosigkeit, Kinderarmut, Flüchtlinge, Hass, Gewalt Streiks, sinnlose Diskussionen, Krieg, etc. egal, über die jeden Tag berichtet wird.**

Meine Weltneuheit hätte es schon längst geben können, wenn es nur eine Dienstleistung oder Personen gegeben hätte, die seit 2018 von mir über "Kunden helfen Kunden beim Punkte sammeln" informiert wurden und dabei geholfen oder darüber berichtet hätten.

Sie können es sich selber ausrechnen, wenn es **jeden Tag bis 1.000 Stammkunden oder mehr** mit 100%ig 10.000 Euro TASCHENGELD zur freien Verfügung gegeben hätte, wie viel Gewinner es bis heute 2023 in Deutschland bereits geben könnte?

Jeder konnte in diesem 2. Buch lesen, wenn diese Diensleistung von jungen Fachexperten aufgebaut werden sollte, fangen alle von 0 = NULL an. Deshalb hat diese Veröffentlichung nichts mit meckern zu tun, sondern jeder soll sehen, warum wir seit 30 Jahren ein "Armes Deutschland – Reiches Deutschland" haben, weil die **"Motivation und KOMMUNIKATIN"** in den "pyramidenartigen Strukturen" in vielen Dienstleistungen und Unternehmen nicht funktioniert.

Der Vorteil beim Aufbau der Dienstleistung "Kunden helfen Kunden beim Punkte sammeln" besteht darin, alle Fachexperten benötigen "selber" in 12 Monaten Produkte und Dienstleristungen, deshalb muss jeder auch ein Stammkunde werden und eine LP-Karte benutzen. Das ist die einzige und beste Möglichkeit, um festzustellen, ob und was verbessert werden muss.

Millionen Personen wünschen sich eine bessere Zukunft, deshalb anders und besser machen, als Personen die bis heute Probleme verursachen.

JEDER kann sich mit Stammkunden darüber unterhalten. Deshalb noch einmal zur Erinnerung:

Der ehemalige Bundespräsident Roman Herzog hat **bereits 1997** eine grundlegende Bildungsreform gefordert: **Durch Deutschland muss ein Ruck gehen! Dieser Ruck ist bis 2023 ausgeblieben? Alle Eltern die das gehört haben, wollten keine bessere Zukunft.**

**Herzog hatte damals aufgerufen, das deutsche Bildungssystem gründlich zu entrümpeln, zu straffen und für die Zukunft fit zu machen. Das Bildungswesen muss WERTORIENTIERT sein, PRAXIS bezogen, INTERNATIONAL und VIELGESTALTIG, es müsse WETTBEWERB zulassen und KEINE ZEIT vergeuden!**

Die jüngere Generation kann entscheiden, ob Sie es besser machen wollen oder nicht.

Richtet keinen sinnlosen Schaden an, wie die "Klimakleber", durch solche schlechten Beispiele sagen viele ältere, die Jugend ist auch nicht besser.

Dieter Symmank ist die einzige Person, die sich für unsere Kinder und Enkelkinder durch "Kunden helfen Kunden beim Punkte sammeln" seit 2018 eine bessere Zukunft wünscht bis Juli 2023. Da es seit 2020 eine Corona-Krise gab und seit 2022 einen Ukraine-Krieg gibt, hat sich die Welt in diesen Jahren total zum schlechten geändert. Deshalb schreibe ich dieses 2. Buch zum Lernen-Umdenken-Mitdenken über einen "Projekt-Vorschlag".

Erkennen Sie, wie, warum und welche Personen Probleme verursachen und wie einfach wir die "Spreu vom Weizen" trennen können, OHNE mit jemanden darüber reden zu müssen. Einfacher geht es nicht. Nur durch die "Neueröffnung von Geschäften zum Punkte sammeln durch eine LP-Karte" kann der Grundstein für eine bessere Zukunft gelegt werden oder alle schauen zu, wie die Wirtschaft und dieser Planet durch Personen an der Macht vernichtet wird.

Da ich von 1994 – 2019 in Landshut (Bayern) gewohnt habe und seit 2000 ein Payback-Kunde gewesen bin, **war** mein Wunsch das jemand von Payback an dieser Weltneuheit mitarbeitet, um den 30 Millionen Payback-Kunden eine 2. Alternative anbieten zu können.

Entweder allein Punkte sammeln oder durch das Lottospiel “Kunden helfen Kunden beim Punkte sammeln” für eine bessere Zukunft sorgen. Im Januar 2018 habe ich zum 1. Mal, Payback über meine Geschäftsidee informiert und bekam folgende Antwort:

**„Wir haben diese aufmerksam gelesen und sind beeindruckt von der kreativen Idee und auch der Mühe, die Sie sich gemacht haben. Diese wissen wir absolut zu schätzen! Aufgrund unserer vielfältigen Themen und unserer ständigen Erweiterung unseres Programms sehen wir derzeit leider keine Möglichkeit Ihren Vorschlag weiterzuverfolgen.“**

Das passiert, wenn man als 1 unbekannter Payback-Kunde (OSSI) von 30 Millionen Payback-Kunden einen Vorschlag hat, wie es „spannend und sozial“ möglich wäre Punkte zu sammeln für eine bessere Zukunft!

Die haben mit Fachexperten, 20 Jahre Erfahrungen sammeln können und sind nicht auf meine einfache Idee gekommen. Sie arbeiten nur an „Kundenbindungssystemen“, die der Wirtschaft und zur „Motivation“ von Mitarbeitern keinen Nutzen bringen. Mit einem unbekannten OSSI wollte kein WESSI an dieser Idee arbeiten. Diese Geschäftsführer arbeiten, wie Politiker die ein Land regieren, Verbesserungen für das Volk und die Wirtschaft sind nicht wichtig, um für eine bessere Zukunft zu sorgen.

Diese Erfahrungen mussten schon einige „OSSIS“ mit „WESSIS“ machen.

Ich habe allein bis Juni 2019 dafür benötigt. Seit 2008 gibt es DeutschlandCard. Ich war sogar in München gewesen, aber angeblich war gerade keine Person in der Firma, mit der ich mich darüber hätte unterhalten können. Die nächsten Wochen konnte ich selber erleben, was die für einen schlechten Kundenservice haben. Payback und DeutschlandCard habe ich dann in einem Brief mitgeteilt, wenn Ihr mir nicht helfen wollt, damit Millionen Kunden geholfen werden kann, dann werde ich „Kunden helfen Kunden beim Punkte sammeln“ veröffentlichen. Jeder der genauso wie ich TV als Bildungsfernsehen benutzt, der weiß das es immer „Lügner und Betrüger“ geben wird. Deshalb habe ich meine Erfindung erst durch Videos auf „YouTube“ abgesichert und am 15.03.2020 durch einen Ratgeber als 1. Buch „Kunden helfen Kunden beim Punkte sammeln“ für alle die bereits Produkte und Dienstleistungen angeboten haben, falls ich irgendwann sterben sollte. Damals gab es noch keine Corona-Krise und einen Ukraine-Krieg.

Allein dadurch hat sich ab 2020 bis 2023 gezeigt, wie „unfähig unsere Politiker und TV-Sender“ arbeiten, wenn es solche Probleme gibt. Wegen der Corona-Krise und den Kontakteinschränkungen, habe ich viele Briefe über meine Erfindung „Kunden helfen Kunden beim Punkte sammeln“ versendet. Das Ergebnis = NULL!!!

Entweder haben die keinen oder einen schlechten Kundenservice oder niemand wollte, das es jeden Tag bis 1.000 oder mehr Stammkunden gibt, die 10.000 Euro Taschengeld zur freien Verfügung gewinnen können. Wenn Sie bis heute von meiner WELTNEUHEIT noch nichts gehört haben, dann liegt es an diesen Dienstleistungen, die von mir einen Brief erhalten haben,

**2021 war Bundestagswahl, hier sehen Sie, wer alles einen Brief erhalten hat. Da ich wusste, es wird kaum jemand Antworten, habe ich 4x jeden Monat 1 Brief (nicht als Mahnung) sondern als Erinnerung geschickt. P.S. Informationen auf „yumpu.com“ wurden gelöscht.**

> **Kunden (Wähler) gehen bei den Gewinnern (Kaufland, Lidl, Norma, Aldi, etc.) Produkte kaufen**
>
> **Bundestagswahl 2021**
>
> **Öffentlicher Brief an den Bundespräsident**
> Herrn Frank-Walter Steinmeier
> **Am 05. Januar 2021 per Post**
>
> **Öffentlicher Brief an alle Parteien im Bundestag**
> **(CDU,CSU,SPD,FDP,AfD,Die Linke,Bündnis90/Die Grünen)**
> **Am 25. Januar 2021 per Post**
>
> **Vorschlag für die nächsten 30 Jahre**
> **Lesen auf „yumpu.com“ und „DieterSymmank“ eingeben**
>
> **11 TV-Sender** (RTL, MDR, NDR, ZDF, ARD, WDR, SWR, HR, RBB, BR, Phoenix) **wissen davon**, aber bis heute will sich keiner mit diesem Vorschlag beschäftigen oder darüber berichten!
>
> Sie wollen für immer ein „Armes Deutschland-Reiches Deutschland“?

- **Von MDR erhielt ich 3x eine Antwort, dass der Brief weitergeleitet wurde, mehr ist nicht passiert.**
- **Von ARD erhielt ich 1x eine Antwort, dass der Brief weitergeleitet wurde, mehr ist nicht passiert.**
- **Phoenix-Zuschauerservice hat mir geschrieben, dass Sie sich mit Anliegen von normalen Zuschauern nicht beschäftigen.**
- **Von WDR kam der Brief zurück.**

**Von allen anderen habe ich keine Antwort erhalten!**

**Auch die Verteilung von über 2.500 Flyern haben keinen nutzen gebracht.**

## Eine Schande für Neustadt in Sachsen

2022 waren in Neustadt Bürgermeisterwahlen und ich habe alle 3 Bewerber getestet, ob und wer für Neustadt eine bessere Zukunft will. Ich wollte wissen, ob 1 Person dabei ist, die eine Idee hat, ob und wer könnte geeignet sein, eine Dienstleistung „Kunden helfen Kunden beim Punkte sammeln" in Neustadt/Sachsen aufzubauen.

Da diese Dienstleistung durch 1 TV-Studio aufgebaut wird, wäre Neustadt durch diese WELTNEUHEIT bekannt geworden und es hätte viele Arbeitsplätze für die „jüngere Generation" gegeben, die sich eine bessere Zukunft wünschen. Der Lohn/Gehalt eines Bürgermeisters war wichtiger, als die Probleme der Bürger in Neustadt.

Im Kulturhaus haben sich alle vorgestellt und der Saal war voll. Da es in Neustadt viele ältere Personen gibt wurde gesagt, Neustadt muss bekannt gemacht werden, damit „jüngere Personen" nach Neustadt kommen.

Die Lösung wäre meine WELTNEUHEIT „Kunden helfen Kunden beim Punkte sammeln" gewesen. Aber wie immer bei Wahlen, alles nur falsche Versprechungen.

Am Ende wusste bzw. ahnte ich, wem die „alten Bürger" zum Bürgermeister wählen werden. Ich bin nicht zur Wahl gegangen, weil keiner wollte eine bessere Zukunft für Neustadt. Meine Marketing-Aktionen in Neustadt haben mir den Beweis dafür geliefert. Wenn man 30 Jahre in Bayern einige Erfahrungen gesammelt hat, die in Neustadt niemals möglich gewesen wären, das versteht kein Neustädter. Ich bin ein Fremder geworden.

Auch die Leiterin dieser Bibliothek wollte 2022 nicht, das Bürger von Neustadt in Sachsen von meinen 1. Buch „Kunden helfen Kunden beim Punkte sammeln“ erfahren, wie es jeden Tag bis 1.000 Stammkunden geben könnte, die 10.000 Euro Taschengeld zur freien Verfügung gewinnen könnten. Die Bekanntgabe und der Verleih wurden abgelehnt. So eine Weltneuheit, war für die Leiterin dieser Bibliothek und für Neustadt nicht wichtig.

Da ich 30 Jahre in Bayern war und erst als Rentner wieder in Neustadt wohne, habe ich verschiedene Testversuche (Marketing-Aktionen) gemacht, ob jemand von sich aus wissen möchte, ob und wie „Kunden helfen Kunden beim Punkte sammeln“ funktionieren soll. Die Begründung dafür ist einfach, nur wer selber diese Weltneuheit wissen möchte, mit dem könnte man sich in Ruhe darüber unterhalten. Wenn man dagegen versucht, jemanden das zu erklären dem Neuheiten nicht interessieren, dann ist es eine Zeitverschwendung, weil nur nach sinnlosen Ausreden gesucht wird.

Dank einer Ausbildung in Bayern, wie man die Wahrheit von Bekannten und Verwandten erkennt, wie Sie über ein Denken, habe ich das natürlich getestet.

Das Ergebnis: Ich mache nur noch Pflichtbesuche, ansonsten vermeide ich den Kontakt. Nur über Probleme meckern und sinnlos diskutieren ist für mich Zeitverschwendung. Meine Erfindung interessiert keinen. Aber ich bin mir sicher, wenn solche Geschäfte eröffnet werden, dass viele mit einer LP-Karte in diesen Geschäften einkaufen würden.

Ich habe ein Auto 1 Jahr lang zur Information benutzt, um zu testen, ob sich jemand dafür interessiert. Danach wurde das Auto verschrottet. Beispiel: Motorhaube und Heckscheibe

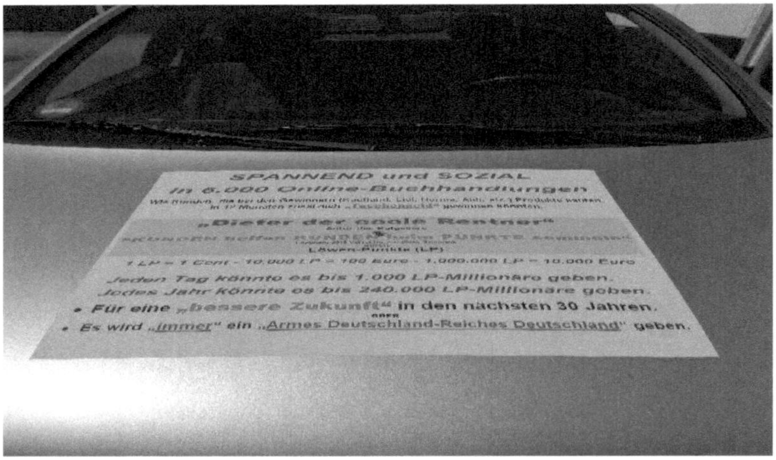

Es hat sich logischerweise natürlich niemand gemeldet.

P.S. Auch an den Seitentüren hatte ich Informationen angebracht.

Genauso habe ich verschiedene Werbung mit T-Shirts ausprobiert. Alle haben zwar „DUMM“ geguckt, aber keiner hat sich getraut mich darauf anzusprechen. Da „Kaufland, Lidl, Norma, Aldi“ auch darauf steht, hat kein Mitarbeiter oder an der Kasse wissen wollen, wie das funktioniert. Ich kenne “persönlich” keine Person in den Geschäften, die dafür arbeiten.

Auch die Verteilung von über 250 Flyern als Testversuch in Neustadt war nur Geldverschwendung.

Wenn man seit 2018 über 100 Briefe versendet und viele Marketing-Aktionen getestet hat, auch auf „YouTube“, mit 0 = NULL Ergebnis, dann hat sich alles bestätigt, was ich im Juni 2019 geahnt habe, als ich diese Geschäftsidee als Rentner fertig hatte.

Ich hatte als „unbekannter OSSI“ keine Chance, da wir im Kapitalismus leben und Personen in Politik und TV-Sender für eine „Verbrecher-Wirtschaft“ sorgen. Deshalb musste ich versuchen meine Erfindung abzusichern. Erst im Juli 2019 durch Videos auf „YouTube“ und am 15.03.2020 durch das 1. Buch „Kunden helfen Kunden beim Punkte sammeln“. Die alten Videos auf „YouTube“ konnten dadurch gelöscht werden. Auch die neuen Videos haben keine nutzen gebracht und werden alle gelöscht, wenn ich das 2. Buch fertig habe.

Da ich wieder von 0 anfange, muss ich erst mal sehen, welche Möglichkeiten ich ausprobieren werde, um dieses 2. Buch bekannt zu machen.

Ich habe „persönlich“ als Rentner (70) kein Problem damit, da ich es als Hobby mache. Wenn ich es nicht schaffe, wird es für immer ein **„Armes Deutschland – Reiches Deutschland“** geben, weil es Personen gibt, die nicht bereit waren zum Lernen – Umdenken – Mitdenken und zuschauen, wie dieser Planet durch Personen zerstört wird. 40 Jahre lang konnten Eltern, die SED-Genossen oder bei der „Stasi“ waren dafür sorgen, dass die Wirtschaft in der DDR nicht funktioniert hat. Ob und wann dieses 2. Buch für eine bessere Zukunft sorgen könnte? **Ich weiß es nicht!**

**Noch einige Beispiele: Für die „jüngere Generation“ und für Leser zum Lernen-Umdenken-Mitdenken.**

Mit dem Projekt-Vorschlag „Neueröffnung von Geschäften“, soll der Grundstein gelegt werden, um in einem Land die **„Spreu vom Weizen“** für die **„Wirtschaft das HERZ eines Staates“** trennen zu können, **OHNE** mit jemanden darüber reden zu müssen, nur durch eine **einfache LP-Karte**.

Ich bin mir 100%ig sicher, es gibt in Deutschland mindestens 20 Millionen Personen, die genauso wie ich, keine **Arbeitslosigkeit, Kinderarmut, Flüchtlinge, Hass, Gewalt Streiks, sinnlose Diskussionen, Krieg, etc. wollen, über die jeden Tag berichtet wird. Aber wo, gibt es 20 Millionen Personen in Deutschland, die für sich und Ihre „Kinder und Enkelkinder“ eine bessere Zukunft wünschen und eine LP-Karte benutzen würden?**

**Welche Personen wollen, das meine WELTNEUHEIT „Kunden helfen Kunden beim Punkte sammeln“ durch „Neueröffnung von Geschäften“, bekannt gemacht, umgesetzt und angeboten wird?**

Das kann man nur erfahren, wenn man die **“Spreu vom Weizen”** trennt. Das bedeutet, wenn es in Zukunft in Deutschland 20 Millionen Stammkunden geben würde, die sich eine bessere Zukunft wünschen, dann könnten diese Stammkunden dafür sorgen, das in diesem Land, **keine** Personen mehr regieren, die diese Probleme verursachen. Auch in der **Politik** muss für eine bessere Zukunft, die **„Spreu vom Weizen“** getrennt werden.

Bis heute haben alle Parteien, die in Deutschland (Ost und West) an der Macht waren, die Wirtschaft geschädigt und die Wähler verarscht. Logisch, es gibt überall Personen, die davon begeistert sind, weil Sie als Mitläufer einige Vorteile genießen können und deshalb keine bessere Zukunft wollen.

Sie konnten in diesem Buch lesen, mein Hobby ist „Wirtschaft und Medienpolitik“. Zum Lernen-Umdenken-Mitdenken benutze ich TV und die sozialen Netzwerke. Lesen Sie jetzt einige Beispiele, warum und welche Personen diese Probleme verursachen und warum ich mich mit diesen Personen niemals unterhalten würde, weil es eine **sinnlose Zeitverschwendung** wäre.

Dadurch entstand die **„Spreu vom Weizen“** trennen, **OHNE** mit jemanden darüber reden zu müssen. **NIEMAND** der unschuldig ist, wird dadurch geschädigt. Dagegen richten die „Klimakleber“ aus „DUMMHEIT“ überall Schäden an. Schuld daran sind die Anstifter.

Einige Beispiele, warum und wie ich als „Rentner (70) und OSSI“ die **„Spreu vom Weizen“** trenne.

Zum Beispiel: In der DDR gab es die „Staatssicherheit (Stasi)“. Die hat dafür gesorgt, das „NUR“ eine politische Vereinigung regiert und wer Westkontakte hatte wurde bespitzelt, etc.! Sogar Westfernsehen war verboten. Jeder „OSSI“ kennt die SED, die bei Wahlen immer über 90% gewählt wurde. Viele SED-Mitglieder, waren nur Mitläufer und haben keinen Schaden angerichtet, weil viele erpresst wurden. Wer einen besseren Arbeitsplatz, eine Wohnung, etc. haben wollte oder andere Vorteile genießen, wurde in die SED gelockt und konnte einige Vorteile genießen.

Da ich kein SED-Mitglied werden wollte, musste ich lange suchen, bis ich die richtige Person gefunden hatte, die mir trotzdem geholfen hat. Deshalb niemals alle Personen in einen Topf werfen, denn es gibt überall, immer gute und schlechte Personen.

Nach der „Deutschen Einheit“ gibt es für alle den „Bundesverfassungsschutz“. Die Personen die dafür arbeiten haben bis heute noch nicht begriffen, dass Millionen OSSIS keine „Stasi“ mehr haben wollen. Begründung: Es gibt in Deutschland ein Grundgesetz und „freie Wahlen“ und angeblich “Demokratie”.

Durch die Gründung der AfD konnten Millionen OSSIS in der Lügenpresse verfolgen, wie diese Personen dafür sorgen wollen, das nur Politiker von alten Parteien an der Macht bleiben, um in Deutschland für **Arbeitslosigkeit, Kinderarmut, Flüchtlinge, Hass, Gewalt Streiks, sinnlose Diskussionen, Krieg, etc. verursachen zu können, über die jeden Tag berichtet wird.**

An alle WESSIS, die sich wundern, warum die AfD immer mehr Stimmen von den OSSIS bekommt, sollten den Bundesverfassungsschutz einmal Fragen: Warum und wem Sie von der AfD als „rechtsradikal und Nazi“ einstuft? Seit der Gründung der AfD wird im TV laufend berichtet, die AfD wird vom Verfassungsschutz „beobachtet“ und alle werden als „rechtradikale und Nazis“ eingestuft. Aber warum? 2020 wurden sogar bei der Wahl in Thüringen von einem RTL-Reporter in den Nachrichten „ALLE“ Wähler der AfD als „rechtradikale und Nazis“ abgestempelt.

P.S. Ich habe diese Nachrichten selber gesehen und weiß wer der Reporter war. Aber WARUM??? Bis heute gibt es keine Beweise das 1 Person von der AfD ein „rechtsradikaler und Nazi“ ist oder einen Krieg wollen.

Viele Politiker von den alten Parteien die im Bundestag sitzen, müssen die AfD ablehnen und gegen diese Partei ständig HETZE betreiben, weil der Verfassungsschutz, ohne Grund diese „AfD“ als „rechtsradikal“ einstuft. Dadurch haben viele Politiker, die Hetze gegen die AfD betreiben bis heute nicht begriffen, dass Sie damit Ihrer eigenen Partei geschadet haben.

KEINER von den Politikern, die Deutschland regieren, beschäftigt sich mit den Problemen, die wir in Deutschland haben, sondern alle sind nur damit beschäftigt, wie Sie der AfD schaden können. Alle Personen in Deutschland, können das im TV und in den sozialen Netzwerken verfolgen, wie „DOOF“ einige Politiker in Deutschland regieren und Millionen Personen und die Wirtschaft dadurch viele Probleme haben.

Das bedeutet, man kann ein Volk das 40 Jahre „Stasi“ erlebt hat nicht mehr durch eine Lügenpresse veralbern. Ich muss deshalb immer lachen, wenn ein Nachrichten-Sprecher einen „Klugscheißer“ fragt, „warum wird die AfD immer stärker“? Die Antwort, es sind “Protestwähler”? Wenn JA, warum gibt es Protestwähler? Der Beweis, wie unfähig das Land regiert wird seit 30 jahren.

P.S. Jeder konnte am Anfang des Buches lesen, wie schön die Welt sein könnte, wenn ein Land von Fachexperten regiert wird und nicht von „unfähigen Politikern“.

Im TV und in den sozialen Netzwerken kann ich verfolgen, warum und welche Personen in Deutschland, Angst vor der AfD haben und deshalb sinnlose Hetze betreiben. Diese Personen wollen keine bessere Zukunft für unsere Kinder und Enkelkinder, sondern für immer ein „Armes Deutschland – Reiches Deutschland" oder sogar einen 3. Weltkrieg verursachen.

Ich hoffe, die AfD gewinnt bei den nächsten Bundestagswahlen und sorgt dafür, dass alle Personen vom Bundesverfassungsschutz total durch neue Personen ersetzt werden, die in keiner Partei sind und in Deutschland dafür sorgen, dass das Grundgesetz und die Verfassung geachtet werden.

Mit Personen vom Bundesverfassungsschutz (Stasi) sich zu unterhalten, wäre sinnlose Zeitverschwendung.

Zum Beispiel: Ich habe einen Beitrag gesehen, wie ein Moderator die „Grünen-Politikerin Ricarda Lang" gefragt hat, ob Sie nicht wüsste, dass in Filderstadt alle Politiker zusammen entscheiden, welche Vorschläge umgesetzt werden, egal von welchem Partei-Mitglied ein guter Vorschlag kommt. Anschließend gehen alle ein Bier trinken.

P.S. Diese Personen haben das Grundgesetz verstanden, was man unter Demokratie in Deutschland versteht und wie man mit Verstand regiert. In dieser Sendung konnte „JEDER" der diese gesehen hat, verfolgen, wie „DUMM" Ricarda Lang ist und dass es eine sinnlose Zeitverschwendung wäre, sich mit so einer Person zu unterhalten, die sogar über 10.000 Euro von Steuergeldern verdient. Begründung:

Sie sagte in der Öffentlichkeit, das kein „Parteimitglied der Grünen" einen Vorschlag von der AfD zustimmen darf und das „Intern" mit dieser Person geredet werden muss. Das ist ein eindeutiger Beweis, dass diese Person gegen das Grundgesetz verstößt und aus der Partei ausgeschlossen werden müsste. Die AfD ist frei gewählt worden und Ricarda Lang darf in der Öffentlichkeit Hetze gegen diese Partei betreiben. Für diese Person wird unser Steuergeld verschwendet.

P.S. An alle Partei-Mitglieder in Filderstadt, Ihr macht es richtig, weiter so. Niemals mit „unfähigen Personen – Ricarda Lang" reden, es ist Zeitverschwendung. Ich mache das sogar mit meinen Bekannten und Verwandten so.

Auch unser Bundeskanzler „Olaf Scholz“ hat in der Öffentlichkeit verraten und gesagt, seit vielen Jahren werden bzw. müssen alle Vorschläge die von Parteien aus der „Opposition“ kommen, immer abgelehnt werden.

Die AfD ist gegen Waffenlieferungen an die Ukraine und von Anfang an für Friedensverhandlungen, dagegen der Bundeskanzler (SPD) für die Vernichtung der Ukraine. Das Ergebnis nach nur 1 Jahr Ukraine-Krieg konnte jeder am TV verfolgen. Zerstörung und sinnlose Verschwendung von Steuergeldern, an eine Person die keine Friedensverhandlungen will.

Warum Russland die Ukraine angegriffen hat, war bis heute nicht wichtig. Deutschland hatte kein Problem mit der Ukraine und mit Russland bis 2022. Jetzt helfen wir mit, die Gefahr für einen 3. Weltkrieg zu verursachen. Jeder hat bis heute feststellen können, das der Selenskyj nur „WAFFEN und GELD“ von Deutschland fordert und keine Friedensverhandlungen.

**Frage: Welche Partei würden Sie als „rechtsradikal und Nazis“ einstufen?**

**Die „SPD“ oder die „AfD“?**

**Dazu meine „persönliche Meinung“ als Rentner (70) über den Ukraine-Krieg und unseren Bundeskanzler.**

**Ich würde alles jetzt in Rot schreiben, die Begründung dafür ist einfach:**

**Ich “Dieter Symmank” wünsche mir das unsere Kinder und Enkelkinder genauso wie ich, niemals einen Krieg oder Atomkrieg erleben müssen. Deshalb bin ich für Friedensverhandlungen, gegen Waffeneinsätze, Waffenlieferungen, Aufrüstung und gegen jede sinnlose Steuergeldverschwendung an Länder, wo Personen Krieg spielen.**

**ALLE Personen die KEINE Friedenverhandlungen wollen, sondern Kriege verursachen, egal ob durch Waffenlieferungen oder durch den Einsatz von Waffen sind entweder “rechtsradikale und Nazis, Kranke, geistiggestörte, sadistische Personen oder verdienen an Waffengeschäften oder an der Vernichtung der Wirtschaft”.**

**Begründung:**

**Diese Personen, wissen durch Schule, Geschichte, Kriegsfilme, und Kriege bis 2023, was passiert, wenn WAFFEN durch Personen nicht für den Sport, sondern zum Krieg spielen eingesetzt werden.**

**Früher gab es Schlachtfelder, wo sich Soldaten gegenseitig abgemetzelt haben auf Befehl von religiösen oder politischen Personen, die an der Macht waren und von weitem das sinnlose Gemetzel beobachtet haben. Heute ist es viel schlimmer, wenn durch diese Personen moderne Waffen eingesetzt werden, haben Soldaten kaum noch eine Chance, sondern werden auf "Befehl von Personen" die an der Macht sind, in den Tot geschickt oder zerfetzt. Wer keine Ahnung davon hat, der sollte sich einen Kriegsfilm anschauen. Aber diese Feiglinge und Verursacher schauen, nur aus der Ferne zu.**

**P.S. In jedem Kriegsfilm wird gezeigt, was Politiker die Befehle gegeben haben, Waffen einzusetzen angerichtet haben, bevor Sie bereit waren für Friedensverhandlungen.**

**Alle Teilnehmer 2023 am G7-Gipfel, NATO-Gipfel haben verhandelt und beim Abschluß haben alle, über das Ergebnis gelacht. Milliarden für Aufrüstung, anstatt Abrüstung, weiterhin Waffenlieferungen an die Ukraine und keine Friedensverhandlungen mit Russland. Diese Staatsmänner wollen das unschuldige Personen durch Waffen zerfetzt werden, die Ukraine zerstört wird, das es Flüchlinge gibt, Milliarden Steuergelder sinnlos verschwendet werden.**

**P.S. LOGISCH: OHNE Friedensverhandlungen, kann man niemals einen Krieg beenden. Für mich der Verdacht, die wollen Russland solange provozieren bis ein 3. Weltkrieg ausbricht und erst dann über Friedensverhandlungen mit Russland reden? WAFFEN zerfetzen Personen, sorgen für Flüchlinge, etc.! Wie lange noch?**

**Mit jedem Schuss sollen und werden Personen zerfetzt. Im TV wird nur gezeigt, wie Soldaten der Ukraine dafür Schüsse abfeuern, denn die schießen auf keine Atrappen oder spielen einen Kriegsfilm, sondern das ist ein "echter Kriegsfilm" der vom "Regisseur Selenskyj und der USA" gedreht wird.**

**Deshalb wollte „Selenskyj“ von Anfang an keine Friedensverhandlungen mit Russland, sondern nur „WAFFEN und GELD“. Diese Verbrechen von beiden Seiten, hätten verhindert werden können.**

**Deutschland hatte bis 2022 keine Probleme mit der Ukraine und mit Russland gehabt.**

Millionen Bürger in Deutschland (außer unseren Politikern?) haben mehrfach im TV gehört, dass einigen Politikern in den USA, die guten wirtschaftliche Beziehungen zwischen Deutschland und Russland gestört haben, sowie die friedliche EU-Erweiterungen und die Pipelines.

Ich habe den Verdacht, die USA hat dafür gesorgt, dass die guten wirtschaftlichen Beziehungen zwischen Deutschland und Russland vernichtet werden und die friedliche Erweiterung der EU gestört wird. Dafür haben Sie nur 1 Jahr benötigt, durch eine ganz einfache Methode: Mit Geld und die Nutzung von TV!

Die USA hat gemerkt, dass die Ukraine ein Problem mit Russland hat. Es gab in der Vergangenheit genügend Politiker, die für GELD das eigene Land geschädigt haben. Genauso kann man TV benutzen, um Gutes zu tun oder um Schaden anzurichten.

Hitler war ein Österreicher und hat Deutschland für den 2. Weltkrieg benutzt. Selenskyj ist ein Ukrainer, sollte er mit Hilfe der USA dafür sorgen, dass Deutschland schuld ist, wenn es zu einen 3. Weltkrieg kommen sollte?

**Begründung für meinen Verdacht**

Im Frühjahr 2022, gab es in den Nachrichten vom Präsidenten der Ukraine „Selenskyj“ die „**AUFFORDERUNG an Deutschland**“ schickt uns „**WAFFEN und GELD**“, weil Russland uns angegriffen hat.

P.S. Stellen Sie sich einmal folgendes vor, **JEDES Land,** das mit einem anderen Land ein Problem hat, stellt in Zukunft über TV, an Deutschland so eine Aufforderung? Es ist eine Frechheit, wenn ein Politiker „WAFFEN und GELD“ fordert um Krieg spielen zu können, anstatt für Frieden zu sorgen.

Diese Forderung stellt er sogar 1 Jahr lang an Deutschland und beleidigt Personen die seinen Forderungen nicht gehorchen. Frage, unterstützt Deutschland einen neuen Hitler?

Da wir kein Problem mit der Ukraine und Russland gehabt haben, müssen erst einmal folgende Fragen geklärt werden:

**WARUM hat Russland die Ukraine angegriffen? Logisch, um jemanden anzugreifen benötigt man einen Grund (Motiv). Aber bis heute will niemand die WAHRHEIT von Putin wissen. Wer hat Angst davor?**

**WARUM fordert der Selenskyj von Deutschland nur Waffen und Geld, aber nicht, um bei Friedensverhandlungen zwischen Ukraine und Russland zu helfen? Jeder kann seit 1 Jahr verfolgen, wie er dadurch die Ukraine schädigt und für Tote und Flüchtlinge sorgt und für die sinnlose Verschwendung von Steuergeldern. Will er mit Hilfe der NATO einen Krieg gegen Russland führen?**

Was wissen Spione und Geheimdienste?

P.S. Das ist meine Meinung, wie ich als Bundeskanzler auf die „AUFFORDERUNG" geantwortet hätte. Durch die Aufforderung an Deutschland, hätte unser Bundeskanzler und Deutschland Geschichte schreiben können, wenn die Antwort so gewesen wäre:

**Die Ukraine erhält von Deutschland <u>keine</u> einzige WAFFE und <u>keinen</u> einzigen CENT, da wir niemanden helfen, ein Land zu vernichten. Seit dem 2. Weltkrieg müsste das ein logischer Grundsatz für Deutschland sein. Millionen Personen in Deutschland wollen keinen Krieg und auch keinen Krieg unterstützen. Das einzige, bei dem wir helfen könnten, wenn die Ukraine ein Problem mit Russland hat, ob eine friedliche Lösung gefunden werden könnte.**

**Für jede Straftat gibt es ein Motiv. Deshalb wäre die 1. Aufgabe gewesen, von Putin im TV in Deutschland erklären zu lassen, warum er die Ukraine angegriffen hat.**

Um die WAHRHEIT herauszufinden, wäre es für Deutschland ganz einfach gewesen, denn unser Bundeskanzler Scholz ist in der SPD und in Russland ist ein ehemaliger Bundeskanzler von der SPD „Schröder", mit guten Beziehungen zu Putin. Dadurch könnte für TV-Zuschauer eine Live-Sendung gemacht werden, wo der Schröder den Putin fragt, warum er die Ukraine angegriffen hat. **Ganz einfach – ODER?**

Danach hätte man alles überprüfen können und mithelfen können, damit es Friedensverhandlungen und keine Zerstörung der Ukraine gibt und für Deutschland die Gefahr für einen 3.Weltkrieg besteht.

**Da 100%ig die Mehrheit der Millionen Personen in Deutschland keine Waffenlieferungen und sinnlose Verschwendung von Steuergelder für Kriege wollen, wäre das die einzige richtige Antwort gewesen, mit der ein Selenskyj und die USA niemals gerechnet hätten. Deutschland hätte Geschichte schreiben können und Millionen Personen in Deutschland wären Stolz auf „Scholz" unseren Bundeskanzler gewesen.**

Aber leider hat er sich überreden lassen und total das Gegenteil gemacht. Unser Bundeskanzler ist eine Schande für Deutschland geworden.

Es ist nun einmal logisch, dass wir normalen Bürger nicht wissen können, welche Informationen haben Spione oder Geheimdienste. Für mich war folgendes logisch:

Russland wird niemals zulassen, das die Ukraine zur NATO gehört, weil die NATO keine Garantie für Frieden ist, sondern in den letzten Jahren für Aufrüstung anstatt für Abrüstung sorgt. Die Ukraine wollte bereits 2008 Mitglied der NATO werden.

Damals haben Deutschland und Frankreich das abgelehnt. Seit 2022 konnte jeder verfolgen, wie die USA die Ukraine „verarscht" haben, die glaubten mit Hilfe der NATO einen Krieg gegen Russland führen zu können. Selenskyj hat Russland provoziert, um den Krieg anzufangen. Das Ergebnis, sinnlose Zerstörung und Kriegsverbrechen.

Meine Fragen an die Ukraine: WARUM wolltet Ihr Mitglied der NATO werden? Mein Verdacht seit dem Ukraine-Krieg, mit Hilfe der NATO einen Krieg gegen Russland zu führen? Die NATO ist keine Hilfe für die Wirtschaft in der Ukraine.

Die Angriffe in Russland, kommen dem Verdacht immer näher. Erst ging es nur um die Lieferung von Panzern und jetzt wollt ihr statt Friedensverhandlungen „Marschflugkörper“ mit großer Reichweite? Für was benötigt Ihr diese Waffen, um über Eure Streubomben fliegen zu können die Ihr selber benutzt, obwohl diese verboten sind?

Was haben Joe Biden und Hunter Biden, seit 2014 in der Ukraine gemacht? Die Provokation und den Krieg vorbereitet? Sollten die guten wirtschaftlichen Beziehungen zwischen Deutschland und Russland zerstört werden? Solange mir nicht das Gegenteil bewiesen wird, hat Selenskyj mit Hilfe der USA diesen Krieg provoziert und verursacht.

Wieviel Milliarden und für was, hat Joe Biden als Präsident an die Ukraine bezahlt?

Welches Problem habt Ihr mit Russland und warum?

In der Ukraine wird es viele Russen geben, die auch russisch sprechen.

Was passiert mit den Russen in der Ukraine? Unsere Lügenpresse berichtet nichts davon.

Nach nur 1 Jahr Ukraine-Krieg, kennen wir alle das Ergebnis und das die USA die „DUMMEN“ Politiker in Deutschland auslachen können. Alle Ziele wurden erfolgreich erreicht. Der „Selenskyj“ war nur ein „Bauernopfer der USA“?

Jetzt stellen Sie sich einmal folgendes vor, wir wissen in Deutschland, das bei Bauarbeiten immer noch vom 2. Weltkrieg Munition oder Bomben gefunden werden.

Da gibt es einen „Schauspieler“ der als Präsident in der Ukraine gewählt wurde und keine Friedensverhandlungen mit Russland will, sondern seit 2022 nur WAFFEN und GELD fordert, um Personen zu zerfetzen und zu töten, sein Land zu zerstören, egal ob mit Streubomben, Uranmunition, Minen, Panzern, Raketen, etc. ist im völlig egal, er will alle WAFFEN haben die viel Schäden anrichten und so weit wie möglich. Seit über 1 Jahr fordert er als TV-Star in seinen Auftritten „NUR Waffen und Geld“ und keine Friedenverhandlungen.

So einfach kann man heute TV benutzen, um ein Land zu vernichten und NIEMAND stoppt die Personen, die Milliarden an der Waffen- und Rüstungsindustrie verdienen, damit diese sinnlose Zerstörung und Tötung ein Ende hat.

Unvorstellbar, der Bundeskanzler will das jeden Tag in der Ukraine Personen zerfetzt werden, unsere Steuergelder sinnlos verschwendet werden, Flüchtlinge nach Deutschland kommen und sagt, das „Deutsche VOLK" ist „DUMM", wenn Sie gegen Waffenlieferungen an die Ukraine sind? Sie werden alle als „Putin-Versteher" bezeichnet, dabei wollen alle nur keinen Krieg.

Millionen Personen in Deutschland haben von Puntin noch keine Antwort im TV erhalten, warum er die Ukraine angegriffen hat, weil jetzt alle Politiker in Deutschland Angst haben vor der Wahrheit?

Jeder in Deutschland kann verfolgen, wie Selenskyj Deutschland beleidigt und nur ausnutzt. Das Volk ist nicht „DUMM und will keinen KRIEG", das sollte der Bundeskanzler begreifen, bevor er alle als „Putin-Versteher" bezeichnet.

Es wäre für mich eine sinnlose Zeitverschwendung, mit so einem Bundeskanzler zu reden, der sein Land schädigt.

P.S. Ich habe mal einen Film mit Terroristen gesehen, die „Geiseln" genommen haben, um Forderungen zu stellen. Dabei wurde 1 Geisel erschossen. Der Anführer sagte, „wenn ich eine Geisel töte, bin ich für die Welt ein Verbrecher, wenn ein Politiker durch einen Krieg viele Personen tötet und danach eine Friedensverhandlung macht, bekommt er eine Auszeichnung (Friedensnobelpreis)".

Dieser Anführer hatte Recht, denn es gibt in der Geschichte dafür genügend Beispiele. **Beobachten Sie die Zukunft:** Sollte Selenskyj irgendwann aufgeben und sich für Friedensverhandlungen mit Russland einigen, bekommt er bestimmt den Friedensnobelpreis?

Politiker können dann wieder, jedes Jahr den Opfern gedenken, die im Krieg zerfetzt und getötet wurden. Beispiele gibt es jedes Jahr bis 2023 dafür genügend auf der Welt, wo Personen unschuldig durch „Idioten" getötet oder zerfetzt und viele Städte zerstört werden. Für viele Politiker sind "Lernen-Umdenken-Mitdenken" bis heute Fremdwörter.

Meine Frage an Unternehmer, die für die Wirtschaft arbeiten: Würden Sie als Unternehmer, in so einem Land, wo sinnlos mit Steuergeldern viele Streubomben, Minen, etc. rumliegen ein Unternehmen für die Wirtschaft aufbauen? P.S. Dieser IDIOT der dafür gesorgt hat, sollte erst einmal selber seinen Mist wegräumen, ansonsten würde ich, in so einem Land keinen Cent investieren, um ein Unternehmen aufzubauen.

**Für eine bessere Zukunft müssen wir die „Spreu vom Weizen" trennen. Wir haben einen Planeten Erde, der einzige den wir bis 2023 kennen, wo Personen (Menschen) geboren werden und leben. Leider gibt es Personen (IDIOTEN) auf der Welt, die diesen Planeten mit Waffen vernichten wollen.**

**Gebe es eine „freie soziale Marktwirtschaft", OHNE religiöse und politische Vereinigungen, wo alle Personen überall auf der Welt bis zur Rente eine Tätigkeit ausüben müssen, damit alle in 12 Monaten Produkte kaufen und Dienstleistungen nutzen können, die alle Personen benötigen, dann könnte jeder sein Leben genießen und müsste sich keine Sorgen um die Zukunft machen.**

**NUR Personen die nicht für die Wirtschaft (Produkte und Dienstleistungen die wir in 12 Monaten benötigen) arbeiten, wollen das Waffen für Kriege hergestellt und eingesetzt werden. Dazu gehören auch Personen, die an der Waffen- und Rüstungsindustrie verdienen. Diese Personen sind schuld, wenn dieser Planet durch Kriege vernichtet wird.**

**Es ist ein Unterschied, ob Waffen für „sportliche Wettkämpfe" benutzt und erfunden werden oder für „geistig gestörte Personen" die an die Macht gekommen sind, keine Friedensverhandlungen wollen oder zu „DOOF" dazu sind und bis zum Jahr 2023 Befehle erteilen, das sich Soldaten, mit Waffen gegenseitig umbringen und zerfetzen. Diese Personen, verschwenden sinnlos Milliarden Steuergelder für die Zerstörung von Städten und die Wirtschaft und sorgen für Flüchtlinge.**

**Das beste Beispiel ist seit 2022 der Ukraine-Krieg.**

So einfach werden in der Öffentlichkeit viele Wähler „verarscht"!

In Deutschland gibt es Personen (P.S. ich gehöre nicht dazu) die haben die SPD gewählt und können Stolz auf unseren Bundeskanzler „Scholz“ sein? Ich habe einen Beitrag gesehen, wie er sich in der Öffentlichkeit lustig über die alten Rentner macht, die Ihm eine Frage gestellt haben und gleichzeitig sagt er, dass er vor Lachen nicht mehr konnte als Ihn auch eine 20-jährige gefragt hat, wie es um Ihre Rente aussieht. Genauso hält er alle die für Frieden sind für DUMM, nur wer für Krieg ist hat Verstand, weil er gegen Friedensverhandlungen mit Russland ist und für Waffenlieferungen an die Ukraine. Eine Schande für unsere Kinder und Enkelkinder.

Er ist schuld, wenn unsere Kinder und Enkelkinder einen 3. Weltkrieg erleben müssen. Jede Woche kann ich im TV beobachten, wie er alle Wähler auslacht und solange, wie er als Bundeskanzler an der Macht ist, dafür sorgen kann, das „Deutschland“ sinnlos geschädigt wird.

Genauso, wie in der DDR haben einige zum 40. Jahrestag der DDR den Honecker in Berlin zugejubelt und genauso, gibt es viele SPD-Anhänger die jubeln den Bundeskanzler zu, obwohl jeder selber beobachten kann, wie das Volk und Deutschland geschädigt wird.

**Seit 30 Jahren wird im TV sinnlos über die Probleme nur geredet und diskutiert = sinnlose Zeitverschwendung.**

KEINE Personen und TV-Sender sorgen dafür, dass diese Person, genauso wie in der DDR der Honecker, der die Wirtschaft geschädigt hat, abgesetzt wird.

Jetzt ein Beispiel zum Thema Steuern: Es gibt in Deutschland Millionen Personen, die für die Wirtschaft arbeiten bzw. schuften müssen und dafür „STEUERN“ bezahlen, damit Personen von diesen „STEUERN“ bezahlt werden können, die nicht für die Wirtschaft arbeiten. Darunter viele Politiker die „NARRENFREIHEIT“ haben, weil Sie von Steuergeldern bezahlt werden und auch sinnlos Steuergelder seit 70 Jahren verschwenden dürfen, OHNE dafür bestraft zu werden.

Der Beweis: Es gibt seit 70 Jahren den sinnlosen Verein „Bund der Steuerzahler“. P.S. Sinnlos, weil er bis heute nicht in der Lage war dafür zu sorgen, dass alle Politiker die jedes Jahr sinnlos Steuergelder verschwenden bestraft werden.

Das bedeutet, wer Steuergelder sinnlos verschwenden darf, OHNE dafür bestraft zu werden begeht ein Verbrechen an die Steuerzahler, die jeden Monat dafür arbeiten bzw. schuften.

**Ich würde mich mit dem Chef vom Bund der Steuerzahler nicht unterhalten, es wäre sinnlose Zeitverschwendung.**

Begründung: Er wurde von mir per Post über meine Erfindung informiert und ich erhielt keine Antwort darauf. Das bedeutet, er wird auch in den nächsten 30 Jahren, nur über die Steuergeldverschwendung berichten und sich sogar seit 2013 in der RTL-Sendung „Mario Barth deckt auf“ darüber lustig machen.

Unvorstellbar, seit 2013 macht man sich über solche Politiker „Idioten“ lustig, anstatt diese dafür zu bestrafen. Millionen Personen die für die Wirtschaft arbeiten, werden in dieser Sendung ausgelacht und können nichts dagegen tun. P.S. Schaut Euch vom „Bund der Steuerzahler“, die Schuldenuhr für Deutschland an, dann könnt Ihr sehen, wie viel Schulden diese „Idioten“ seit 70 Jahren verursacht haben. Für was gibt es seit 70 Jahren einen „Bund der Steuerzahler“ der nichts gegen diese Verbrecher machen kann?

Trotzdem gibt es im TV einige „Klugscheißer“ die sagen „Deutschland ist ein reiches Land“. Das Problem, es gibt Personen die glauben diesen Blödsinn.

Jetzt ein Beispiel zum Thema: 2 Jahre Corona-Krise und TV-Berichterstattung haben für viele Schäden gesorgt.

Durch die Corona-Krise, haben Millionen Personen durch TV mitbekommen, dass viele Geschäfte 6 Monate bis zu 1 Jahr schließen mussten. Danach wurde im TV berichtet, dass viele Geschäfte (Pleite) geschlossen wurden. Über das Schicksal von Personen, die dadurch in die Schulden getrieben wurden, gibt es selten Berichte.

**Stellen Sie sich einmal vor, Sie bekommen 6 Monate bis 1 Jahr keinen Lohn/Gehalt/Rente, haben aber trotzdem Ausgaben, (Miete, Auto, etc.).**

Es ist vollkommen normal, wem das nicht betrifft, der macht sich keine Gedanken darüber.

Ich konnte bereits „selber“ nach der „Deutschen Einheit“ die Erfahrung machen, was dadurch passieren kann. Erfahren Sie wie ich durch eine Firma für die ich als Führungskraft mit Büro gearbeitet habe, die in die Pleite durch Geschäftsschädigung 1991 getrieben wurde und ich dadurch unschuldig in 15.000 Schulden geraten bin. Bis 2010 waren die Schulden auf 49.000 Euro angewachsen, bis ich endlich eine Festeinstellung bekam, wo ich 900 Euro mehr verdient habe und durch einen Rechtanwalt es geschafft habe bis zur Rente Schuldenfrei zu sein.

Mein Leben war die Hölle, hätte ich nicht immer wieder eine Lösung gefunden, als es finanzielle Probleme gab, wäre ich schon nicht mehr am Leben gewesen. Ich hatte sogar schon überlegt wie ich mir das Leben nehme.

Damit mich jetzt niemand falsch versteht, ich will von niemanden ein Mitleid oder würde niemals darüber jammern, meckern oder sinnlos darüber reden, sondern ich möchte der „jüngeren Generation“ mitteilen, egal was passiert, niemals aufgeben. Ich musste wahrscheinlich, diese negativen Erfahrungen in meinem Leben sammeln, damit Ihr eine Chance habt, um für eine bessere Zukunft sorgen zu können. Es ist vollkommen normal, wenn es irgendein Problem gibt, dann ist man erst einmal verärgert. Ich habe danach überlegt, welche Alternativen gibt es, um das Problem zu lösen, bevor ich Selbstmord mache oder vielleicht deshalb, eine Straftat begehe. Ich bin als Rentner Schuldenfrei und ich lebe noch und im Juli 2023 bereits 70 Jahre geworden.

In dem Kapitel, wer ist „Dieter der coole Rentner“ könnt Ihr mehr über meine Erfahrungen dazu lesen.

So lange die „jüngere Generation“ nicht „selber“ für eine bessere Zukunft sorgt, werden Eltern die an der Macht sind, auch in den nächsten 30 Jahren für ein „Armes Deutschland – Reiches Deutschland“ oder sogar für einen 3. Weltkrieg sorgen.

Die “Deutsche Einheit” hat 40 Jahre gedauert, bis eine Generation herangewachsen war, die nicht wollten, was Eltern die in der SED waren verursacht haben. Danach konnte jeder “OSSI” im Westen den Kapitalismus kennen lernen. P.S. In der DDR war “Westfernsehen verboten”. Ich habe seit 1995 in Landshut (Bayern) bis zur Rente gewohnt und habe den Vorteil, ich kenne den Unterschied zwischen Sozialismus und Kapitalismus.

In allen beiden Sytemen, sorgen Personen in politischen Vereinigungen, Dienstleistungen, TV-Sendern, etc. dafür, dass das Volk sich niemals einig ist, damit es keine bessere Zukunft gibt.

Meine “personliche Meinung”, in der DDR hätten wir keine “Planwirtschaft”, sondern eine “freie soziale Marktwirtschaft” benötigt, dann hätte man die Grenzen aufmachen können und alle OSSIS, wären im Osten geblieben. Leider waren die SED-Genossen zu “DOOF” dazu, obwohl die “Stasi” wusste welche Fehler die WESSIS gemacht haben.

Dieser Projekt-Vorschlag und meine WELTNEUHEIT “Kunden helfen Kunden beim Punkte sammeln” ist die einzige Chance für die “jüngere Generation”, den Grundstein für eine bessere Zukunft zu legen, wenn es nicht bereits zu spät ist. Sie können dieses 2. Buch zum Lernen-Umdenken-Mitdenken benutzen, egal welche TV-Sendungen oder Filme Sie in Zukunft sich ansehen oder wenn Sie in Geschäfte Produkte einkaufen oder Dienstleistungen nutzen.

In der DDR und 30 Jahre in Bayern konnte ich verfolgen, wie und welche Personen dafür sorgen, dass Millionen Personen zu wenig „TASCHENGELD zur freien Verfügung“ haben und warum Millionen Personen zur Miete wohnen. Überall, wo in Zukunft das Lottospiel „Kunden helfen Kunden beim Punkte sammeln“ nur durch eine LP-Karte (zur Registrierung) angeboten wird, wollen Personen eine bessere Zukunft.

Da sich beim Einkaufen die **„Spreu vom Weizen“** trennt, würde es in 30 Jahren nur noch wenige Personen geben, die keine bessere Zukunft für unsere Kinder und Enkelkinder wollen.

Ich „Dieter Symmank“ bin mir 100%ig sicher, dass es zum Beispiel in Deutschland 20 Millionen Personen gibt, die als Stammkunden mithelfen würden, bei der Reduzierung dieser Probleme **Arbeitslosigkeit, Kinderarmut, Flüchtlinge, Hass, Gewalt Streiks, sinnlose Diskussionen, Krieg, etc., über die jeden Tag berichtet wird.**

In jedem Land gibt es Personen, die eine Tätigkeit nachweisen können, geeignete Rentner sind oder einen Studentenausweis besitzen und keine Straftaten begehen.

Fachexperten müssen nur die erforderlichen Informationen und Regeln erarbeiten und danach Geschäfte eröffnen, damit Stammkunden durch eine LP-Karte für eine bessere Zukunft sorgen könnten.

# Lernen – Umdenken - Mitdenken

# *„Dieter der coole Rentner“*

**(Ein unbekannter „OSSI“ - Autor und Erfinder aus Sachsen)**

**Die „Spreu vom Weizen“ trennen.**

**WELTNEUHEIT für eine bessere Zukunft durch ein Lottospiel zur „Förderung der Wirtschaft“.**

***Beim Einkaufen TASCHENGELD zur freien Verfügung gewinnen.***

**„KUNDEN helfen KUNDEN beim PUNKTE sammeln“**



durch

**Löwen-Punkte (LP)**

**Voraussetzung:**

**Unternehmer, Mitarbeiter und Kunden**

sind bereit zum

**Lernen-Umdenken-Mitdenken**

## Kapitel 12

- **Wer ist „Dieter der coole Rentner“ oder auch „Dieter Symmank“ ein unbekannter OSSI aus Sachsen?**

***Die Wirtschaft ist das HERZ eines Staates!***

**Wer ist „Dieter der coole Rentner“ oder auch „Dieter Symmank“ ein unbekannter OSSI aus Sachsen?**

Ich wurde geboren am 28.07.1953 in Bautzen. Als Kleinkind lebte ich in einem Haus, ohne Strom und Wasser. Der Brunnen für Wasser, war ungefähr 200 Meter im Wald entfernt. Diese Erfahrungen könnten auch der Grund sein, warum ich bei Problemen, die Ruhe bewahre und erst verärgert bin, aber dann nach einer Lösung suche. Dagegen gibt es heute Personen, die haben ein Problem, wenn das Smartphone kaputt geht und glauben, die Welt geht unter.

Wichtig, bei jedem Problem ist es normal, wenn man verärgert ist, aber niemals dadurch den Fehler machen und Straftaten, etc. begehen, sondern in Ruhe überlegen, wie das Problem reduziert oder beseitigt werden könnte. Es ist manchmal nicht einfach, aber nur so konnte ich 70 Jahre alt werden.

Über meine Kindheit möchte ich nicht viel berichten. Ich hatte das Glück das meine Eltern in keiner religiösen oder politischen Vereinigung waren. Dadurch konnte ich selber durch die Schule und Lehre meine Erfahrungen sammeln. Deshalb war ich auch bis zur Rente „NIE“ in einer religiösen oder politischen Vereinigung, weil ich bereits in der Schule durch Geschichte und Staatsbürgerkunde gelernt habe, dass es überall Personen an der Macht gab, die Verbrechen am Volk begangen haben. Das hat sich bis 2023 in der Welt nicht geändert. Genauso gibt es darüber genügend Filme und Dokumentarfilme. Jeder sollte selber entscheiden, was gut und schlecht ist.

Der einzige Nachteil, meine Mutter hat mir das Leben zur Hölle gemacht durch Prügel mit einem „Rührlöffel“, wegen jeder Kleinigkeit. Mein Problem war, ich hatte noch 3 Brüder. 1 Bruder war 1 Jahr älter und die anderen waren 3 bzw. 6 Jahre jünger. Deshalb hatte ich wahrscheinlich die „Arschkarte“ gezogen. Ich musste alles machen, im Garten arbeiten, einkaufen, auf die anderen aufpassen, etc., dass es dadurch auch Probleme gibt, kann sich jeder vorstellen, wo mehrere Kinder aufwachsen. Zum Glück ist manchmal mein Vater dazwischen gegangen, wenn ich Prügel bekommen habe, sonst hätte Sie mich zum Krüppel oder Tot geprügelt. Erst als ich eine eigene Wohnung hatte, war diese Hölle beendet. Dagegen habe ich von meinem Vater nur 1 einzige Ohrfeige in meinem ganzen Leben erhalten.

Dadurch stand für mich fest, meine Kinder werden niemals Prügel beziehen. Das bedeutet, ich habe die „Gene“ von meinem Vater geerbt, deshalb gehöre ich zu den Personen, die keine Straftaten begehen, wenn es ein Problem gibt.

Ich bin zwar am Anfang verärgert, aber danach versuche ich eine Lösung dafür zu finden. Wie Sie in diesem 2. Buch lesen können, bin ich dadurch Rentner und 70 Jahre alt geworden und ich habe keinen Amoklauf oder Straftaten begangen und auch keinen Selbstmord.

Ich bin zwar nicht abergläubisch, aber das Schicksal wollte es, das ich in vielen Bereichen in der DDR und 30 Jahre in Bayern sammeln konnte. Sonst wäre diese WELTNEUHEIT, „Kunden helfen Kunden beim Punkte sammeln" NIEMALS entstanden. Wer heute 30 Jahre ist, kennt nur den Kapitalismus und kann sich logischerweise nicht vorstellen, wie der Sozialismus war.

Da ich dieses 2. Buch für die „jüngere Generation" schreibe, zeige ich Euch an Beispielen, wie und welche Erfahrungen ich „persönlich" bis zur „Deutschen Einheit" und danach bis zur Rente in Bayern gemacht habe.

Merkt Euch, überall gibt es Personen die keinen Schaden anrichten, egal ob in der Politik, in Unternehmen, im TV, etc., genauso gibt es überall Personen in der Politik, in Unternehmen, im TV, etc., die Schäden anrichten bzw. verursachen, weil Sie daran verdienen oder keine bessere Zukunft wollen.

Deshalb niemals, alle in einen Topf werfen. Mein Tipp: Informationen im TV und soziale Netzwerke nutzen und durch Lernen-Umdenken-Mitdenken, immer **„selber"** entscheiden, was gut und was schlecht ist. Logisch das auch jeder Fehler machen kann, aber wer Fehler macht oder gemacht hat, sollte diese einsehen und überlegen, wie man es besser machen könnte.

Ich bin in der DDR, nie zu den Wahlen gegangen, weil es für mich Wahlbetrug war, jedes Mal wurde dafür gesorgt, dass die SED über 90% lag? Ich konnte mir nie vorstellen, das über 90% der DDR – Bürger einverstanden waren, wie SED-Genossen für eine Planwirtschaft gesorgt haben, damit die Wirtschaft im Sozialismus geschädigt wird bzw., so niemals funktionieren konnte.

Der größte Schwachsinn war, es musste jeden Monat ein „Schrottplan" erfüllt werden!!! Es kann sich keiner vorstellen, welche „IDIOTEN" die DDR regiert haben. Es gab logischerweise auch Personen die davon begeistert waren, deshalb haben am 40. Jahrestag in Berlin, noch Personen dem Honecker zugejubelt, obwohl der Untergang der DDR bereits eingeleitet wurde.

Deshalb an die „jüngere Generation“ versucht den Verstand zu benutzen, bevor Ihr Straftaten begeht, sinnlos diskutiert oder sagt, man kann sowieso nicht ändern. Die wichtigste und beste Möglichkeit, sind für Euch die „sozialen Netzwerke“ für eine bessere Zukunft zu nutzen, aber nicht um damit „Mobbing, Hetze oder andere Straftaten zu begehen. Was die **„Klimakleber“** machen, sind Straftaten und bringen dem Klimaschutz keinen Nutzen.

In der DDR gab es nur 1 Partei, die SED die an der Macht war und sein durfte. Viele DDR-Bürger mussten SED-Mitglied werden, wenn Sie im Beruf weiterkommen wollten. Dadurch gab es viele SED-Genossen, die nur aus “beruflichen Gründen Mitläufer” waren und es gab 100%ige überzeugte SED-Genossen, die Ihre Macht ausgenutzt haben.

In Neustadt Sachsen, war die Hauptzentrale vom „Kombinat Fortschritt“, ein Hersteller für Landmaschinen und der größte Arbeitgeber in der ganzen Region. Ich wurde bereits als Lehrling (Maurer) in diesem Kombinat eingesetzt und lernte, was man unter Planwirtschaft im Sozialismus versteht. Zum Beispiel ein Bürogebäude 150 m lang und 4 Etagen.

Erst wurden alle Räume verputzt und danach kamen die Elektriker, das bedeutet ich musste als Lehrling „Schlitze stemmen“ damit die Elektriker danach die Leitungen legen konnten und wir Lehrlinge haben dann die Leitungen wieder verputzt. So ein sinnloser Schwachsinn, habe ich mir dabei schon als Lehrling gedacht, denn man hätte die Leitungen vorher verlegen können. Da ich danach noch weitere sinnlose Arbeiten ausführen musste, habe ich nach meiner Lehre den Beruf gewechselt.

Deshalb war ich bis zur „Deutschen Einheit“ in mehreren Bereichen tätig (Maurer, Schichtkraftfahrer, Berufskraftfahrer, Maschinenverladung, Schichtleiter, Trumatic). Dadurch konnte ich theoretische und praktische Erfahrungen machen, wie SED-Genossen dafür gesorgt haben, dass die Arbeiter sich nicht einig sind und durch eine sinnlose Planwirtschaft, die Wirtschaft geschädigt wird. Dafür haben die „Stasi-Mitarbeiter“ gesorgt.

Jeder Fachexperte, kann in den Medien seit 30 Jahren beobachten, wie Deutschland durch unfähige Personen in der Politik die Wirtschaft schädigen. Warum gibt es ein Grundgesetz für Deutschland, wenn Politiker die an die Macht gekommen sind, gegen das Grundgesetz verstoßen dürfen.

Heute am 12.08.23 konnte ich im Internet lesen, unser „Bundeskanzler Scholz“ hetzt gegen die AfD in der Öffentlichkeit, in dem er sagt, alle Vorschläge von der AfD sollen von den alten Parteien abgelehnt werden, egal ob in Gemeinden, Städten, Regierung, etc.! Das soll Demokratie sein? Das bedeutet dieser Bundeskanzler Scholz und andere Personen in der Politik, setzen das Grundgesetz für Deutschland außer Kraft. Viele Ostbürger wissen genauso wie ich, dass die „Stasi“ in der DDR dafür gesorgt hat, das „NUR“ die SED 40 Jahre an der Macht bleiben konnte. Genauso arbeitet der Chef vom Bundesverfassungsschutz. Er sorgt dafür, dass nur die alten Parteien an der Macht bleiben und gegen neue Parteien, die in einer „angeblichen Demokratie“ von Millionen gewählt wurden gehetzt wird.

P.S. Das ist der Grund, warum ich in der DDR, nie zur Wahl gegangen bin, weil die SED immer über 90% gewählt wurde? Genauso bin ich nach der „Deutschen Einheit“ nur 2 x zur Wahl gegangen. Das 1. Mal als es um die DM ging. Das 2. Mal als ein Polizeibeamter von der AfD, in den Bundestag gewählt werden sollte.

Das Hauptproblem in Deutschland „Motivation und Kommunikation“.

P.S. Ich habe in der DDR als Schichtleiter einen einfachen „Kennziffernzettel“ mit 7 Regeln von Fachexperten (SUPER) benutzt. Der Vorteil für mich als Schichtleiter war, ich musste mit niemanden darüber diskutieren oder reden, wer sich an die 7 Regeln gehalten hat, bekam die höchste Prämie. Ich habe gleich am 1. Tag allen folgendes gesagt: Es gibt 7 Regeln, wer diese beachtet bekommt die höchste Prämie. Gibt es ein Problem, dann sage ich es maximal 3 x ansonsten gibt es Abzug. Das Ergebnis: Ich war der einzige Schichtleiter von 4 der allen Mitarbeitern die 7 geben konnte. Der Nachteil, es gab vorgesetzte SED-Genossen, die wollten gar nicht, das alle 7 Regeln von allen Mitarbeitern eingehalten werden.

Unglaublich aber WAHR: Ein Vorgesetzter kam über die Rampe gerannt und sagt zu mir, ich mache „Gleichmacherei“? Er sagte, ich muss mindestens 3 Personen Abzug geben. Meine Antwort als Schichtleiter: Wenn es ein Problem geben sollte, dass etwas nicht in Ordnung ist, dann kann er mir Abzug geben, aber er muss es mir nachweisen können. LOGISCH, da ich ein guter Schichtleiter war, konnte er das nicht.

Ich sagte dann, wenn ich 3 Personen Abzug geben muss, dann werde ich 3 Personen im Monat aussuchen, die entweder zu spät auf Arbeit kommen können, Alkohol trinken dürfen, etc.! Die Reaktion, von dem „DUMMEN" vorgesetzten SED-Genossen, kann sich jeder vorstellen. Jetzt hatte ich im Sozialismus ein Problem erkannt, warum ich immer Abzug und nie die 7 bekommen habe, als ich noch kein Schichtleiter war. Mein Fehler war, ich habe beim Arbeiten mitgedacht, ob und wie man etwas verbessern könnte. Alle Vorschläge von mir, wurden vom Schichtleiter immer abgelehnt, mit der Begründung: „ich weiß das Du recht hast, aber ich muss mich durchsetzen können"? Deshalb bekam ich Abzug.

Das bedeutet, Fachexperten haben eine "einfache Lösung (SUPER)" erarbeitet zur "Motivation" für alle Mitarbeiter, damit Regeln eingehalten werden können und SED – Genossen, haben dagegen gearbeitet bzw. verhindert, das die Regeln beachtet und eingehalten werden.

Hier meine Erfahrung nach der „Deutschen Einheit". Ich musste als "OSSI" natürlich Lehrgeld bezahlen, um den Kapitalismus kennen zu lernen.

**Ansonsten wäre meine Weltneuheit, „Kunden helfen Kunden beim Punkte sammeln" wahrscheinlich niemals entstanden.**

Ich persönlich konnte bereits 1992, als „OSSI" die Erfahrung machen, wie es ist, wenn man 6 Monate Ausgaben und keine Einnahmen hat. Begründung: Mein Arbeitgeber hatte den Sitz in Passau und ich hatte ein Büro im Osten. Ich wurde von dem Unternehmen, als Führungskraft ausgebildet (P.S. der Chef hatte dafür sehr gute Ausbilder beauftragt). Dieser Chef (ein WESSI), hatte kein Problem mit einem „OSSI", denn ich sagte zu Ihm, wenn es ein Problem gibt, suchen wir gemeinsam nach einer Lösung. Er war mit meinem Vorschlag einverstanden. (P.S. sonst hätte ich nicht für Ihn gearbeitet) und deshalb haben wir zusammen erfolgreich, sein Unternehmen aufgebaut.

Leider musste ich dann als „OSSI" Lehrgeld bezahlen, denn ich wusste nicht, wie der „Kapitalismus" funktioniert. Das bedeutet, der **Produktpartner** vom Chef hat seine **„ausgebildeten Verkäufer"** losgeschickt, um Geschäftsschädigung zu betreiben, damit mein Chef Pleite geht. Als ich das erfahren habe, dachte ich, wie „DOOF" ist den der Produktpartner? Mein Chef hatte 6 Monate vergeblich versucht sein Unternehmen zu retten, bis er mir mitgeteilt hat, „Dieter es tut mir leid, ich muss Insolvenz anmelden".

Das Ergebnis für mich, 6 Monate Ausgaben und keine Einnahmen bedeutete ca. 15.000 Schulden. So einfach, kann man unschuldig in eine „Schuldenfalle" geraten. Für mich als "OSSI" brach eine Welt zusammen, aber ich habe bis heute, **niemals eine Wut** auf meinen ehemaligen Chef (WESSI) gehabt, obwohl ich dadurch in Schulden geraten bin und mein Leben danach, bis zur Rente zerstört war.

In meinen Verwandten und Bekanntenkreis, wussten zwar viele das ich durch diese Firmenpleite in die Schulden geraten bin, aber nicht wie hoch diese waren. Ich habe es „GEHEIM" gehalten.

Da ich herausgefunden hatte, das es „ausgebildete Verkäufer" waren, die Geschäftsschädigung gemacht haben, wollte ich wissen, wie diese Personen dafür ausgebildet wurden. Ich habe mich deshalb bei einem bekannten Unternehmen in Regensburg (Bayern) 1992 beworben. Für die Ausbildung bekam ich Überbrückungsgeld. Es kann sich kein normaler Bürger vorstellen, wie seit vielen Jahren im Kapitalismus wissenschaftlich eine „Frage und Antwortechnik" für die „Ausbildung von Verkäufern" erarbeitet wurden ist, um Kunden durch „Lügen und Betrug" Produkte zu verkaufen. In der praktischen Ausbildung wurde mir gezeigt, wie ein „ausgebildeter Verkäufer", ein „arbeitsloses Ehepaar mit Kleinkind" durch die Benutzung der Frage und Antworttechnik ein Produkt verkauft hat. Das war für mich sofort der Grund, für dieses Unternehmen **niemals** zu arbeiten. Ich habe der Geschäftsleitung gesagt, ich will keine Kunden „belügen und betrügen". Logisch, ich wurde gekündigt und musste das Überbrückungsgeld zurückzahlen.

Da ich ein „OSSI" bin, der Lernen – Umdenken – Mitdenken kann, betrachte ich jede „negative Erfahrung", auch als eine „positive Erfahrung". Wenn ich im TV, immer wieder Beispiele sehe oder höre wie Rentner (zum Beispiel durch den Enkeltrick) abgezockt werden, dann ist es für mich logisch, dass viele Personen, egal ob Rentner oder andere Personen gegen solche ausgebildeten Personen kaum eine Chance haben.

Durch meine Ausbildungen, entstand damals eine Geschäftsidee zur "Förderung von Wohneigentum". Da ich logischerweise mit Schulden kein Unternehmen selber aufbauen konnte, habe ich diese einem „WESSI" der bereits 20 Jahre ein Unternehmen hatte vorgestellt und ich wollte nur als Berater dafür arbeiten, damit alles richtig und seriös umgesetzt wird. Ich bekam 1994 einen Beratervertrag.

Das Problem, einige WESSIS haben keine Ahnung von der Marktwirtschaft, aber sind erfolgreich in Gerüchte verbreiten, denn ich bekam einen Anruf, das ich sofort in die Firma kommen und die Kündigung unterschreiben soll. Was war passiert? Er hatte sich mit „Wessis“ unterhalten die keine Ahnung hatten, aber im eingeredet haben, er würde gegen „UWG“ verstoßen und weiteren Blödsinn. Ich fuhr in die Firma und sagte, wenn alles so gemacht wird, wie ich es gesagt habe, dann ist es richtig und seriös, weil ich wusste, es gibt Fachexperten die Ahnung haben.

Danach passierte folgendes: Ich unterschrieb meine Kündigung und dabei sagte er zu mir, kein Problem ich habe alles meinen Rechtsanwalt übergeben, mal sehen was dabei rauskommt. Es dauerte danach nicht lange und sein Faxgerät hat Ihm eine Nachricht vom Rechtsanwalt gesendet, mit der Bestätigung, dass wenn es so gemacht wird, wie ich es gesagt habe, dann ist es „richtig und seriös“. Niemand kann sich einen WESSI vorstellen, der 20 Jahre als Verkäufer, „Kunden den Traum vom Haus versprochen“ hat und diese Faxnachricht gelesen hat. Die Reaktion war folgende:

Er sprang umher und rief, “20 Jahre habe ich geschuftet, jetzt kann ich endlich das große Geld machen, aber so wie Sie es machen wollen, geht es viel zu langsam”. Ich wusste natürlich sofort, was das für mich bedeutet, niemals mit einem „WESSI“ zusammenarbeiten, der das schnelle große Geld machen will, denn das funktioniert nicht.

Er wollte natürlich jetzt das schnelle große Geld machen. Er gab mir einen neuen Beratervertrag der für mich aber sinnlos war, denn ich hatte nichts mehr zu sagen, nur, wenn er es wünscht. Um mehr Geld machen zu können, hatte er meine Geschäftsidee total geändert.

Das schönste Erlebnis für mich war, als er in ein Hotel 250 von seinen Kunden (WESSIS) eigeladen hatte und ich durfte mir das auch anhören, was er seinen “Stammkunden, die von einem eigenen Haus träumen” zu sagen hatte.

Er sagte: **„Seit 20 Jahren, versprechen wir Ihnen den Traum vom Haus und Sie träumen immer noch davon“**. Heute ist ein Ostbürger mit da, der uns einen Weg gezeigt hat, wie Sie schneller zu Wohneigentum kommen könnten. P.S. Klingt doch „SUPER“, wenn man so etwas hört.

Er erklärte danach meine Geschäftsidee und in der Pause kamen die „WESSIS“ zu mir und sagten, es ist doch so einfach, warum ist noch keiner darauf gekommen?

Meine Antwort, viele WESSIS wissen nicht, welche Möglichkeiten die Marktwirtschaft bietet und wie man diese richtig und seriös nutzen kann, weil die meisten, alle nur das schnelle große Geld machen wollen (Kapitalismus). Genauso sorgen TV-Sender für Geschäfsschädigung durch Verbreitung von Gerüchten, wenn über Firmen berichtet, die Kunden durch Lügen und Betrug abgezockt haben. Es ist immer ein Unterschied, ob jemand eine „seriöse Beratung“ macht, oder durch eine **„Frage und Antworttechnik“** den Kunden durch **„Lügen und Betrug“** Produkte verkauft. NIEMALS alle Verkäufer bzw. Berater im Außendienst, in einen Topf werfen.

P.S. Es war für mich zum Lernen-Umdenken-Mitdenken eine gute Erfahrung die ich gemacht habe. Aber ich habe auf eine Zusammenarbeit verzichtet.

Millionen Personen, in einem Land gehen in die Schule und lernen einen Beruf, aber wie man sich in dieser Verbrecher-Wirtschaft schützen kann, dafür muss jeder selber zufällig erst Erfahrungen machen. Das liegt natürlich am Bildungswesen. Niemand lernt in der Schule, welche Vertriebsarten es gibt und wie diese funktionieren, deshalb war für mich “persönlich” die Ausbildung im Vertriebs-Marketing, bis heute wichtig gewesen. Ich habe es nie bereut.

**Mein Ziel war, bis zur Rente Schuldenfrei zu sein.**

1995 bewarb ich mich bei einer Zeitarbeitsfirma in Regensburg und war wieder in Bayern gelandet mit einen Haufen Schulden, die bis 2010 auf 49.000 Euro angewachsen waren. Ich wünsche es niemanden, aber ich kann mir heute vorstellen, welche Probleme viele haben, die in Deutschland wegen der Corona-Krise, Ihre Geschäfte schließen mussten und in die Pleite getrieben wurden. Wer davon keine Ahnung hat, kann sich so etwas nicht vorstellen.

Jeder der dieses 2. Buch gelesen hat soll nur wissen, warum ich **nur meine Rente zur Verfügung habe**, um dieses 2. Buch bekannt zu machen, wenn ich es nicht schaffe, dann haben unsere Kinder und Enkelkinder Pech gehabt.

Jeder kann durch dieses 2. Buch in Zukunft genauso wie ich es gemacht habe, TV und soziale Netzwerke zum Lernen-Umdenken-Mitdenken benutzen. Ich überlege danach, ob und wie könnte man es besser machen.

Ich habe auch einen Satz von einem Bayern bei einer Ausbildung nicht vergessen, denn er sagte zu mir „man müsste es anders machen, als die anderen es machen“.

Bei meiner Erfindung „Kunden helfen Kunden beim Punkte sammeln“ habe ich diesen Satz berücksichtigt, denn es gibt bis 2023 noch keine Dienstleistung zum Punkte sammeln, wo **alle** Punkte 100%ig als „TASCHENGELD zur freien Verfügung“ ausgezahlt werden, sondern nur Kundenbindungssysteme.

Ich glaube zwar nicht an Schicksale, aber irgendwie musste alles passieren bis September 2023, damit ich an ein Projekt-Vorschlag für die Weltneuheit „Kunden helfen Kunden beim Punkte sammeln“ durch „Neueröffnung von Geschäften“ arbeite, damit in Zukunft der Grundstein dafür gelegt werden könnte. Es ist die einzige Chance, um in einem Land die „Spreu vom Weizen“ zu trennen, damit es eine bessere Zukunft geben könnte, wenn alle die eine “bessere Zukunft” wollen, von 0 = NULL anfangen und dabei helfen wollen. Mit diesem 2. Buch kann jeder mithelfen, ohne mit jemanden darüber sinnlos reden oder diskutieren zu müssen.

Ich habe in der DDR und 30 Jahre in Bayern bis zur Rente viele Erfahrungen für die Wirtschaft gesammelt, damit „junge Fachexperten“ die Wirtschaft für den Einzelhandel studiert haben, diese für eine bessere Zukunft nutzen und umsetzen können, wenn Sie dieses 2. Buch zum Lernen-Umdenken-Mitdenken benutzen.

JEDER kann die vielen Naturkatastrophen verfolgen. Dafür werden in Zukunft Milliarden benötigt und nicht für die sinnlose Aufrüstung durch „Idioten“ die diesen Planeten mit Waffen zerstören wollen. Deshalb muss das wichtigste Ziel sein, Personen die für die Waffen und Rüstungsindustrie arbeiten, damit überall auf der Welt „kranke Personen“ Krieg spielen können zu stoppen.

Das ist aber nur möglich, wenn es Personen in einem Land gibt, die mit meiner Erfindung „Kunden helfen Kunden beim Punkte sammeln“ den Grundstein dafür legen und dieses 2. Buch gelesen und verstanden haben. Erst dann könnte die „Größte Gelegenheit in der Geschichte der Welt zum Punkte sammeln“ für eine bessere Zukunft beginnen, durch Lernen-Umdenken-Mitdenken, bevor es zu spät ist.

Nur die Personen, die sich mit „Kunden helfen Kunden beim Punkte sammeln“ in Ruhe beschäftigen, können sich vorstellen was das in Zukunft für viele Länder, die keinen Krieg wollen bedeuten könnte. Ob und welches Land besitzt Personen, die sich eine bessere Zukunft wünschen?

Anstatt überall für Flüchtlinge zu sorgen, könnte in vielen Ländern in Zukunft die Wirtschaft neu organisiert und aufgebaut werden. Wenn einigeTV-Sender bereit wären, zum Lernen-Umdenken-Mitdenken, könnten viele Probleme reduziert werden. Aber die berichten lieber über Krieg und Verbrechen.

Leider gibt es keine Garantie, ob ich es schaffen werde, dieses 2. Buch bekannt zu machen. Es ist für mich nur eine schöne Freizeitbeschäftigung, solange ich noch bereit bin zum Lernen-Umdenken-Mitdenken. In Deutschland ist es ohne Hilfe nicht einfach, aber eine Herausforderung, es noch einmal zu versuchen.

Es ist genauso gekommen, wie ich es mir im Juni 2019 gedacht habe, als ich die Weltneuheit “Kunden helfen Kunden beim Punkte sammeln” für eine neue Dienstleistung und für Fachexperten fertig hatte. Wenn man ein unbekannter OSSI ist, dann ist es egal, was man erfindet oder welche Verbesserungen man hat, wenn man keine finanzielle Mittel oder die richtigen Beziehungen hat, sind die Chancen gering, um es bekannt zu machen. Es gab bis jetzt, keine einzige Person, die sich für unsere Kinder und Enkelkinder eine bessere Zukunft wünscht.

Das ist aber in Deutschland normal, das beste Beispiel ist für mich die Gründung der “AfD”. Seit der Gründung dieser Partei, verfolge ich im TV, wie Personen gegen die “Demokratie” in Deutschland arbeiten und von Anfang an, gegen diese Partei Hetze betreiben. Die Staatssicherheit (Stasi) in der DDR hat auch dafür gesorgt, dass nur die SED an der Macht bleibt. Logisch, die WESSIS können das nicht wissen, deshalb glauben viele, was in der Lügenpresse berichtet wird. Viele OSSIS sind aber schlauer geworden und konnten sich in den alten Bundesländern nach der “Deutschen Einheit” genauso wie ich, den Kapitalismus im Westen anschauen.

Die einzige Möglichkeit für eine bessere Zukunft, eine “Freie soziale Marktwirtschaft”, die nur von geeigneten Fachexperten, die von der Wirtschaft Ahnung haben, umgesetzt und angeboten wird. Das bedeutet, Hersteller, Anbieter und Kunden dürfen sich nicht gegenseitig bekämpfen.

Sondern “Angebot, Nachfrage und das Taschengeld zur freien Verfügung” entscheiden, ob ein Unternehmen Gewinne macht oder Pleite geht. Genauso darf ein Land nur von Personen regiert werden, die für “Recht, Sicherheit und Ordnung” nach dem Grundgesetz sorgen. Für den Datenschutz dürften nur Personen arbeiten, die nicht dafür sorgen, das Verbrecher in einem Land Verbrechen begehen können. Wer dagegen verstößt, muss veröffentlicht und zur Verantwortung gezogen werden. Das ist meine “persönliche Meinung”.

Dieter Symmank

# *„Dieter der coole Rentner“*

**(Ein unbekannter „OSSI“ - Autor und Erfinder aus Sachsen)**

**Die „Spreu vom Weizen“ trennen.**

**WELTNEUHEIT für eine bessere Zukunft durch ein Lottospiel zur „Förderung der Wirtschaft“.**

***Beim Einkaufen TASCHENGELD zur freien Verfügung gewinnen.***

**„KUNDEN helfen KUNDEN beim PUNKTE sammeln“**



durch

**Löwen-Punkte (LP)**

**Voraussetzung:**
**Unternehmer, Mitarbeiter und Kunden**
sind bereit zum
**Lernen-Umdenken-Mitdenken**

## Kapitel 13

- **Schlusswort**

***Die Wirtschaft ist das HERZ eines Staates!***

**Schlusswort an die „jüngere Generation“ und an alle anderen Leser.**

Die **“Spreu vom Weizen”** trennen.

Jede Person benötigt in 12 Monaten Produkte und Dienstleistungen, deshalb ist für mich die “Wirtschaft das **HERZ** eines Staates”. Ich konnte in der DDR und 30 Jahre lang in Bayern verfolgen, wie, warum und welche Personen in Deutschland und auf der Welt die Wirtschäft schädigen und für Kriege und Flüchtlinge sorgen.

Mit diesem 2. Buch kann jeder Leser entscheiden, ob er in den nächsten 30 Jahren sich eine bessere Zukunft wünscht oder nicht. Die Frage ist nur, ob und wer sorgt dafür, das der Grundstein durch “Neueröffnung von Geschäften” zum Punkte sammeln gelegt wird?

Es ist die einzige Möglichkeit, damit unsere Kinder und Enkelkinder die Chance für eine bessere Zukunft haben, wenn es nicht schon zu spät ist. Ich habe bis heute, “keiner politischen Vereinigung” getraut, die in einem Land regieren und für “Recht, Sicherheit und Ordnung” sorgen sollen. Überall gibt es Personen, die versuchen das zu verhindern.

Jeder der dieses Buch, über einen Projekt-Vorschlag für eine bessere Zukunft gelesen und verstandan hat, müsste begriffen haben, warum ich **“Dieter der coole Rentner”** bin und mir noch einmal diese Mühe gemacht habe, nach 2 Jahren Corona-Krise und Ukraine-Krieg dieses 2. Buch zu schreiben! Ich wäre **“Dieter der böse Rentner”**, wenn mir die Probleme in Deutschland und in der Welt mit 70 Jahren egal wären.

So simpel und einfach könnte man in einem Land die „Spreu vom Weizen“ trennen, weil alle Personen in 12 Monaten Produkte benötigen.

Mit diesem 2. Buch, könnten in Zukunft Regisseure sogar einen Film oder Dokumentarfilm drehen, damit diese WELTNEUHEIT „Kunden helfen Kunden beim Punkte sammeln“ überall in der Welt bekannt bzw. verbreitet wird.

Mit diesem 2. Buch, könnte die „jüngere Generation“, die Wirtschaft für den Einzelhandel studiert haben, dafür sorgen das dieser “Projekt-Vorschlag” für eine neue Dienstleistung zum Punkte sammeln, umgesetzt und angeboten wird, egal in welchem Land.

Mit diesem 2. Buch, könnten Personen durch einen „YouTube-Kanal", dafür sorgen das Millionen Personen, die in einem Land für die Wirtschaft arbeiten und keine 3.000 Euro im Monat verdienen davon erfahren, weil TV-Sender diese WELTNEUHEIT bis 2023 „GEHEIM" gehalten haben.

Mit diesem 2. Buch, kann jeder „selber" entscheiden, ob er in einem Land mithelfen will, die **„Spreu vom Weizen"** zu trennen oder nicht. Wer sich keine bessere Zukunft wünscht, der wird dieses Buch „GEHEIM" halten. Wer dagegen sich eine bessere Zukunft wünscht, der wird dieses Buch jemanden zum Lesen geben. Dabei ist folgender Hinweis wichtig, ich würde mich nur mit Personen darüber unterhalten, die ebenfalls eine LP-Karte benutzen würden. NIEMALS mit jemanden darüber sinnlos diskutieren, denn das ist Zeitverschwendung. Nur mit Personen unterhalten, die damit kein Problem haben und diese Weltneuheit „spannend und sozial" finden.

Mit diesem 2. Buch, haben Sie ein schönes „GESCHENK" für die „jüngere Generation" zum Lernen-Umdenken-Mitdenken.

**Film, Dienstleistung oder YouTube-Kanal? Ob und wer nutzt dieses 2. Buch zuerst damit Fachexperten, die Wirtschaft für den Einzelhandel studiert haben, für eine bessere Zukunft sorgen könnten?**

Wichtig: Begeht dafür keine Straftaten, sondern nutzt die sozialen Netzwerke, solange der Bundesverfassungsschutz (Stasi) diese nicht verbieten kann. Wer die Voraussetzungen hat, sollte einen „seriösen YouTube-Kanal" zum Lernen-Umdenken-Mitdenken aufbauen. Dafür dürft Ihr dieses 2. Buch verwenden, damit „junge geeignete Fachexperten", die Wirtschaft für den Einzelhandel studiert haben davon erfahren, solange es noch niemanden gibt, der diesen Projekt-Vorschlag, umsetzen und anbieten will.

Viele junge Personen wissen, wie man Informationen in den sozialen Netzwerken erfolgreich verbreiten kann. Ich habe mich nie damit beschäftigt und mit 70 Jahren wird sich kaum etwas ändern.

Der Beweis ist mein „YouTube-Kanal", den ich im Juli 2019 nur wegen der Absicherung meiner Erfindung „Kunden helfen Kunden beim Punkte sammeln" als „Dieter der coole Rentner" eingerichtet habe. Er hat bis heute keinen Nutzen gebracht. Ihr könnt es besser machen, um für eine bessere Zukunft zu sorgen und nicht wie die „Klimakleber", die nur Schaden anrichten und keinen Nutzen bringen.

Sie konnten in diesem 2. Buch in der Einleitung lesen, „Es könnte auf der Welt so schön sein, leider nur ein Traum“, wie ich mir „Dieter der coole Rentner“ die Zukunft für unsere Kinder und Enkelkinder vorstelle. Leider gibt es auf der Welt Personen, die für das Gegenteil sorgen wollen.

**Dagegen kann ich leider Nichts tun.**

Im September 2023 haben sich in der USA, die 2 Freunde (Präsidenten) „Joe Biden“ und „Selenskyj“ getroffen. Diese 2 Personen wollen Russland solange provozieren bis ein 3. Weltkrieg ausbricht. Das bedeutet, Selenskyj will immer noch keine Friedensverhandlungen, damit der Krieg beendet wird. Er hat neue Waffen und Geld gefordert, damit er die Ukraine zerstören und Personen töten kann und sein Freund “Joe Biden” hilft Ihm dabei, damit er Russland solange provozieren kann, bis ein 3. Weltkrieg in Europa ausbricht. Alle Länder, die den Selenskyj mit Waffen und Geld unterstützen haben es immer noch nicht gemerkt.

Als „Donald Trump“ in der USA an der Macht war, hat er öfters gesagt „erst kommt Amerika“. Joe Biden hat durch Vorbereitungen seit 2014 in der Ukraine das geschafft, was sein Vorgänger nicht geschafft hat. Jeder konnte seit Februar 2022 verfolgen, wie und warum die Pipelines zerstört wurden, die EU und die guten wirtschaftlichen Beziehungen zwischen Deutschland und Russland nach nur 1 Jahr zerstört wurden.

Joe Biden ist 80 Jahre und Ihm sind die Personen in Europa egal, wenn Sie sich durch einen 3. Weltkrieg vernichten. Die USA ist von Europa weit entfernt. Das Problem, was Millionen Personen in einem Land haben, wir können nichts tun, wenn kranke Politiker, die an der Macht sind durch Befehle entscheiden können, ob und wann Soldaten in den Krieg geschickt und durch Waffen zerfetzt werden oder Waffen dafür geliefert oder eingesetzt werden.

Jeder konnte in diesem 2. Buch lesen, warum und wie ich durch Lernen-Umdenken-Mitdenken, bis heute keine Personen traue, die durch religiöse und politische Vereinigungen an die Macht gekommen sind, weil überall auf der Welt die Wirtschaft aus „Macht- und Geldgier, Unwissenheit und Dummheit“ geschädigt wird. Der Beweis: Überall, wo es Kriege und Flüchtlinge gibt und Länder die dafür sorgen!

Jeder konnte in diesem 2. Buch lesen, wenn 1.010.101 Einzelprodukte mit Punkten = Lottotipps an Stammkunden verkauft wurden, dann hat 100%ig 1 Stammkunde 10.000 Euro Taschengeld zur freien Verfügung gewonnen.

Logisch, erst wenn es jeden Tag bis 1.000 oder mehr Stammkunden in einem Land geben würde, dann beginnt in diesem Land eine bessere Zukunft, weil Stammkunden durch diesen Projekt-Vorschlag bereit sind die **"Spreu vom Weizen"** zu trennen.

Jeder konnte in diesem 2. Buch lesen, wie einfach „20 Millionen Stammkunden" nur mit einer LP-Karte in den nächsten 30 Jahren für eine bessere Zukunft sorgen könnten, OHNE mit jemanden darüber reden zu müssen. Kein Politiker oder Bundesverfassungsschutz könnte verhindern, dass Personen, die eine Tätigkeit nachweisen können, geeignete Rentner sind oder einen Studentenausweis besitzen und keine Straftaten begehen, sich nur mit einer einfachen LP-Karte gegenseitig durch Punkte sammeln helfen, weil es nichts mit einer politischen Vereinigung zu tun hat.

Jeder konnte in diesem 2. Buch lesen, warum dafür der Grundstein durch „Neueröffnung von Geschäften" gelegt werden sollte, solange es Personen gibt, die keine 3.000 Euro im Monat verdienen.

Jeder konnte in diesem 2. Buch, einige Beispiele lesen, wie man in Zukunft durch TV und soziale Netzwerke beobachten kann, warum und welche Personen, seit 30 Jahren für ein **„Armes Deutschland – Reiches Deutschland"** sorgen und was man dagegen tun könnte, um die **„Spreu vom Weizen"** zu trennen, OHNE mit jemanden darüber reden zu müssen. Ganz einfach – ODER?

Neueröffnung von Geschäften zum Punkte sammeln, aber nur für Personen die eine Tätigkeit nachweisen können, geeignete Rentner sind oder einen Studentenausweis besitzen und keine Straftaten begehen. Wer gegen diese WELTNEUHEIT ist, will für unsere Kinder und Enkelkinder keine bessere Zukunft, sondern dem ist es egal, wenn Politiker die Welt und die Wirtschaft vernichten, durch Kriege, sinnlose Verschwendung von Steuergeldern und für die vielen Flüchtlinge sorgen.

**So einfach kann man beim Einkaufen die „Spreu vom Weizen" trennen!**

Erst wenn meine Erfindung „Kunden helfen Kunden beim Punkte sammeln“ durch Fachexperten, die Wirtschaft für den Einzelhandel studiert haben, genauso umgesetzt und angeboten wird, beginnt für unsere Kinder und Enkelkinder eine bessere Zukunft.

P.S. Für mich ist die “**Wirtschaft das HERZ eines Staates**”, deshalb traue ich keiner politischen Vereinigung die ein Land regiert, solange nicht für “Recht, Sicherheit und Ordnung” nach dem Grundgesetz gesorgt wird, damit niemand Angst um die Zukunft haben muss.

Wenn Sie dieses Buch für eine bessere Zukunft lesen, dann verfolgen Sie 1 Woche lang die Nachrichten im TV oder kaufen sich eine Tageszeitung. Dann haben Sie genügend Beispiele, welche Personen in diesem Land und in anderen Ländern soziale und wirtschaftliche Probleme verursachen. Welche Machtgierige Politiker, die von Steuergeldern bezahlt werden, in anderen Ländern durch Waffenlieferungen und Militäreinsätze Kriege verursachen und die Wirtschaft damit vernichten. NIEMAND hat das Recht, aus politischen Gründen oder anderen Glauben, im eigenen oder in einem anderen Land Personen umzubringen oder sonstige Verbrechen zu begehen. Jeder der das mit verursacht, ist selber ein Verbrecher und begeht damit eine Straftat. Das ist meine “persönliche” Meinung.

**P.S. Mein persönlicher Vorschlag an Sie, wenn Sie diesen Ratgeber in Zukunft zum Lernen-Umdenken-Mitdenken benutzen wollen:**

Jedes Jahr wenn Sie Geburtstag haben, dann Denken Sie an dieses 2. Buch und lesen es noch einmal in Ruhe durch. Danach verfolgen Sie 1 Monat lang die Nachrichten, Internet, Zeitschriften, etc. Ob und welche Personen immer noch soziale und wirtschaftliche Probleme verursachen und ob und welche Personen arbeiten, an diesen Projekt-Vorschlag? Dadurch können Sie jedes Jahr feststellen, ob sich etwas ändert, verbessert oder schlechter wird. Vielleicht vergehen wieder 30 Jahre, so wie ich es in diesem Buch geschrieben habe oder ob es noch schlimmer geworden ist. Ich habe Ihnen an einigen Beispielen erklärt, wie man Lernen-Umdenken-Mitdenken kann, um in Zukunft gemeinsam soziale und wirtschaftliche Probleme zu reduzieren!

Vielleicht gibt es in Zukunft 1 Land, dem ich helfen konnte. Es ist für mich natürlich logisch, dass es Personen geben wird, die sagen „das hätte ich besser geschrieben bzw. gemacht“, sinnlos darüber diskutieren oder nach Gründen und Ausreden suchen werden, dass es nicht geht, denn dafür haben wir in Deutschland viele angebliche Fachexperten und deshalb auch die vielen sozialen und wirtschaftlichen Probleme. Dieser Projekt-Vorschlag ist für geeignete Fachexperten 100%ig umsetzbar. In Deutschland gibt es dafür Fachexperten, die müssen es nur erfahren. Für ein TV-Sender wäre es kein Problem, aber die wollten bis 2023 keine bessere Zukunft.

Ich habe der "jüngeren Generation" und allen Lesern einen Weg für eine bessere Zukunft gezeigt, es wird an Euch liegen, ob, wann und wie Ihr diesen Weg gehen wollt, es ist die einzige Chance für Millionen Personen in einem Land. Jetzt beende ich dieses 2. Buch als ein "unbekannter Autor und Erfinder" aus Sachsen.

P.S. Ich habe eine Hochachtung von Fachexperten die als Autor oder Schriftsteller arbeiten. Ich gehöre nicht zu diesen Personen. Ich musste nur versuchen als Rentner meine Erfindung "Kunden helfen Kunden beim Punkte sammeln" durch 2 Bücher zu veröffentlichen, damit die "jüngere Generation" eine Chance hat, für eine bessere Zukunft zu sorgen. Eltern können entscheiden, ob und wie Sie dabei helfen könnten. Es kann sich niemand vorstellen, wie schwierig es war, ohne Hilfe alles zu erarbeiten. Wenn dieses 2. Buch in 6.000 Online-Buchandlungen angemeldet wird, dann weiß das logischerweise niemand. Deshalb beginnt für mich als Rentner, danach die nächste Herrausforderung, mal sehen, ob und welche Möglichkeiten ich nutzen werde, um es bekannt zu machen. Alle die davon erfahren, können über die Zukunft in Deutschland und in der Welt entscheiden.

JEDER benötigt in 12 Monaten Produkte und Dienstleistungen und dafür das allerwichtigste, "TASCHENGELD zur freien Verfügung"! JEDER weiß, das es Millionen Personen gibt, die keine 3.000 Euro im Monat verdienen. Für diese Personen, habe ich diese schöne und einfache WELTNEUHEIT "Kunden helfen Kunden beim Punkte sammeln" erfunden.

Beim Einkaufen "TASCHENGELD zur freien Verfügung" gewinnen.

Ich wünsche für alle, Frieden auf der Welt und eine bessere Zukunft.

**Eurer "Dieter der coole Rentner"!**

| Seite | Notizen |
|---|---|
| | |
| | |
| | |
| | |
| | |
| | |
| | |
| | |
| | |
| | |
| | |
| | |
| | |
| | |
| | |
| | |
| | |
| | |
| | |
| | |
| | |

| Seite | Notizen |
|---|---|
| | |
| | |
| | |
| | |
| | |
| | |
| | |
| | |
| | |
| | |
| | |
| | |
| | |
| | |
| | |
| | |
| | |
| | |
| | |
| | |
| | |

# Er zögerte zu lange